ELIE DE MONT.

LES

BEAUX-ARTS

AU

PALAIS DE L'INDUSTRIE

EXPOSITION 1874

REIMS

IMPRIMERIE A. LAGARDE, RUE NOTRE-DAME, 4

LES BEAUX-ARTS

au

PALAIS DE L'INDUSTRIE

EXPOSITION 1874

Les comptes-rendus du Salon annuel de peinture et de sculpture ont pris de nos jours une telle importance qu'il a fallu inventer un nom pour désigner ceux qui en sont chargés. Les *Salonniers*, parmi lesquels on compte des hommes du plus haut mérite littéraire, s'acquittent en général de leur mission avec beaucoup d'art et de talent; malheureusement, ils n'ont guère écrit jusqu'ici qu'en vue du public parisien. Avec une autorité souvent fort exagérée, selon nous, ils lui fournissent des appréciations toutes faites sur un très petit nombre de tableaux; ils lui donnent en quelque sorte le *la* de l'admiration, et beaucoup de gens attendent qu'ils se soient prononcés pour fixer leur jugement. Mais, si remarquables que soient les feuilletons de critique des grands journaux, ils ne suffisent pas à donner aux abonnés des départements une idée de l'exposition, et suffisent encore moins à en faciliter l'examen à ceux d'entre eux qui ont le loisir de s'y rendre.

La province n'est cependant étrangère aujourd'hui à rien de ce qui se passe à Paris, elle s'intéresse vivement à toutes les questions d'art, et, si on comptait bien, on s'apercevrait qu'elle envoie au Palais de l'Industrie un nombre de visiteurs presque égal à celui que fournit la capitale. D'un autre côté (et les peintres le savent mieux que personne), il est certain que tous les tableaux qui sortent de Paris ne vont pas, heureusement, à l'étranger; beaucoup restent en France; on les retrouve soit dans les châteaux, soit dans les habitations particulières ou dans les musées municipaux de nos principales villes.

Nous avons donc pensé qu'il serait intéressant de faire, pour les journaux de province, un compte-rendu spécial dans lequel nous nous efforcerions :

1° De donner une idée suffisamment exacte et suffisamment complète de l'exposition de 1874, à ceux de leurs lecteurs qui ne peuvent s'en rendre compte par eux-mêmes;

2° De faciliter la visite de cette exposition à ceux d'entre eux qui, plus privilégiés, n'auraient cependant que peu de temps à lui consacrer, durant un voyage à Paris;

3° De faire connaître enfin, dans chaque département, les noms des artistes qui y sont nés, en signalant avec soin celles de leurs œuvres qui figurent au salon, soit parmi les peintures, soit parmi les sculptures ou les dessins.

Les huit départements formés de l'ancienne province de Champagne ont fourni au Salon de cette année, tant pour la peinture que pour la sculpture, le dessin et la gravure, 114 exposants qui se répartissent ainsi :

Pour la Marne.

Trois peintres, dont un *exempt* (1).
Trois sculpteurs, dont un *exempt*.
Trois architectes, dont un *hors concours*.

Pour la Haute-Marne.

Trois peintres, dont deux *hors concours*.
Deux dessinateurs.
Un sculpteur.
Deux architectes, dont un *hors concours* et un *exempt*.

Pour l'Aube.

Deux peintres.
Deux dessinateurs.
Six sculpteurs, dont deux *hors concours*.
Un graveur.

Pour les Ardennes :

Cinq peintres, dont deux *hors concours* et un *exempt*.
Un sculpteur,
Un architecte *hors concours*.

Pour l'Aisne :

Onze peintres, dont deux *exempts*.
Un dessinateur.
Trois sculpteurs, dont un *hors concours* et un *exempt*.
Un architecte et un graveur.

---

(1) La mention « *hors concours* » s'applique aux artistes qui, aux termes du réglement, ne peuvent être proposés pour les médailles, excepté pour la médaille d'honneur.— Sont « *exempts* » de l'examen du jury d'admission, les ouvrages des artistes membres de l'Institut, ou décorés de la Légion-d'Honneur pour leurs œuvres, ou ayant obtenu, soit une médaille aux précédentes expositions, soit le grand prix de Rome.

Pour la Seine-et-Marne :

Quinze peintres, dont trois *hors concours*.
Sept dessinateurs.
Cinq sculpteurs, dont deux *hors concours*.
Deux architectes, dont un *hors concours*.
Deux graveurs, dont un *exempt*.

Pour l'Yonne :

Neuf peintres, dont deux *hors concours*.
Quatre dessinateurs.
Un sculpteur *exempt* et trois graveurs.

Pour la Meuse :

Cinq peintres.
Deux dessinateurs et un sculpteur.

En évaluant à trois, en moyenne, le nombre des œuvres exposées par chacun de ces artistes, ce qui n'a rien d'exagéré, beaucoup d'entre eux ayant exposé à la fois parmi la peinture et parmi les dessins, on arrive au chiffre très honorable de 340 à 350 numéros pour la Champagne.

Retrouver chacun de ces numéros, perdus dans le nombre, offre plus de difficultés qu'on ne se l'imagine.

Une Exposition qui contient *trois mille six cent cinquante-sept* numéros est une sorte de dédale au milieu duquel on n'arrive pas à se diriger du premier coup. On va, on vient, on tourne, on perd un temps précieux à s'orienter, à chercher ce qui présente le plus d'intérêt, et, fort souvent, après plusieurs visites, on s'aperçoit que bien des œuvres importantes vous ont échappé.

Si le lecteur y consent, nous le conduirons de salles en salles, en lui recommandant de ne pas perdre son temps ici, de s'arrêter là, et en tâchant surtout de ne rien omettre de ce qui pourrait l'intéresser à un point de vue quelconque. Nous remplirons notre rôle de *cicerone* avec toute l'impartialité possible, sans aucun parti-pris d'école ni de camaraderie, et nous viserons beaucoup moins à publier un cours d'esthétique ou des articles littéraires, à propos du Salon, qu'à faire une sorte de *catalogue raisonné*, à l'usage de ceux qui, sans pouvoir se déplacer, ont le désir de se tenir un peu au courant des productions de l'art, et à l'usage des visiteurs pressés par le temps.

Nous commencerons notre promenade à travers l'exposition par la salle n° 1, où se trouve la lettre A, et nous continuerons jusqu'au bout, en suivant l'ordre alphabétique.

I.

Le salon dans lequel nous entrons aujourd'hui pour commencer notre première promenade à l'exposition est un des trois grands salons carrés. Il porte le n° 1 et contient pêle-mêle les lettres X, Y, Z, A et B. C'est bien à lui que reviendrait cette année la qualification de *dépotoir* s'il ne s'y trouvait un petit nombre de tableaux qui le sauvent.

Nous remarquons d'abord, en commençant par les A : une Marine, de M. APPIAN ; *une Scène du capitaine Fracasse*, de M. ANDRÉ ; *Roméo et Juliette morts*, et *une Jeune fille*, de M. BERTRAND ; deux paysages, de M. de BEAUVERIE ; *un Portrait de mon Grand'Père*, de M. BASTIEN-LEPAGE, extraordinaire d'exécution et saisissant de vérité. M. BASTIEN-LEPAGE, qui a exposé aussi « *la Chanson du Printemps* », très inférieure à son portrait, est du département de la Meuse. Nous nous arrêterons ensuite devant les deux ALMA TADÉMA, dont le succès nous paraît très mérité. Le premier, et le plus important, qui, sous le titre de *Portraits commandés*, représente une famille romaine dans l'atelier d'un sculpteur, est d'une composition ingénieuse et d'un arrangement fort habile. On a dit, non sans raison peut-être, que les marbres ressemblaient un peu à du fromage blanc ou à de la neige ; mais, à part cette critique, l'ensemble est très remarquable. Pour en bien juger, il sufit de se reculer de quelques pas ; les personnages prennent alors une vie incroyable et se détachent du cadre ; l'architecture tout entière du tableau, les marbres eux-mêmes, et surtout la fontaine en *noir antique,* qui est au centre, ont l'air de faire partie du salon. Le second tableau est un peu sombre, mais il ne faut pas oublier que le peintre nous transporte dans le *serdab* d'une pyramide égyptienne, endroit mystérieux et inaccessible, où nul jour ne pénètre.

Nous ne quitterons pas ce grand salon sans vous signaler les chrysanthèmes et le gibier de M. Bergeret, du département de Seine-et-Marne, et le portrait exposé par M. Blanc-Garin, né à Givet (Ardennes.) Nous savons que M. Blanc-Garin a beaucoup de talent et qu'il peut faire mieux que cela. Il est jeune, il aime son art, il a tout ce qu'il faut pour réussir ; nous lui donnons donc rendez-vous en 1875.

En entrant dans la salle suivante, nº 2, A à B, nous trouvons d'abord *La Via Appia* ou le *Persil* à Rome au temps d'Auguste, composition très-intéressante et très-spirituelle de M. Boulanger. N'étaient le costume des patriciens, la forme de leurs chars et les deux longues files de tombeaux qui bordent la voie romaine, on pourrait se croire au bord du lac ; il n'y manque pas même les chignons jaunes des courtisanes d'alors, en tout semblables à ceux de nos plus illustres cocottes. Nous remarquons ensuite les paysages de M. Auguin, de M. BENOUVILLE, de M. BEAUVAIS, de Bar-sur-Aube ; *Le Parti avantageux*, de M. ALBOY-REBOUET ; *Une Tempête*, de M. AIVASOVSKY, peintre russe ; *Un Matin d'été* et *Le Prétendu*, de M. BERNE-BELLECOUR, dont nous retrouverons dans la salle suivante un petit portrait de femme, en pied ; puis la superbe composition de M. BLANCHARD, *Hylas entraîné par les Nymphes*. L'envoi de notre pensionnaire de Rome est une des plus belles choses du Salon ; le paysage en est ferme et grandiose ; les nymphes, celle de droite et celle de gauche surtout, sont d'une grâce exquise. Bien que M. Blanchard soit élève de M. Cabanel et non de M. Hébert, on sent dans cette œuvre puissante l'école et l'influence du directeur de notre Académie de Rome, et ce n'est pas nous qui nous en plaindrons. Le même peintre a exposé en outre un délicieux portrait d'enfant, plein de vie et de naturel, et une *Hérodiade* fort remarquable.

Le n° 28 qui vient ensuite, *Après la Tempête*, de M. D'ANTIGNA, est une ébauche plutôt qu'un tableau ; le n° 13 est une jolie marine, de M. D'ALHEIM, et le n° 100 (coïncidence étrange), qui se trouve placé au-dessus de ces deux toiles, représente un affreux charnier exposé par M. DE BEAULIEU, sous le titre de *La Femme adultère*. Une jeune femme nue, peinte avec toutes les couleurs de l'arc-en-ciel, est accrochée au sommet d'un pilori parmi des *charognes* immondes ; son corps, nous dit le livret, est destiné à être vendu ou jeté au Bosphore. M. de Beaulieu a exposé en outre *Deux Souvenirs de la campagne de la Loire*, qui dénotent une singulière façon de voir les choses, et que le jury aurait dû refuser impitoyablement sous un pareil titre.

Nous citerons encore un portrait d'enfant, de M. BADIN ; un petit sujet d'Orient, *Le Combat de Tortues* (au harem), dans lequel M. BEYLE semble s'être complu à accumuler des étoffes de toutes les couleurs, pour utiliser les tons les plus vifs de sa palette ; nous préférons *La Part du Maître,* du même peintre, et surtout sa *Collation* (toujours au harem), qui est un joli petit tableau. Laissons de côté *L'Automne,* d'EMILE BRETON, pour y revenir tout à l'heure, et asseyons-nous devant *La Falaise,* de son frère, qui est une admirable chose. M. JULES BRETON a peint une paysanne de grandeur naturelle, étendue, à plat ventre, sur une langue de rocher qui domine la mer. Cette robuste fille de pêcheur est en contemplation devant l'Océan; cherche-t-elle une voile à l'horizon ou se laisse-t-elle simplement aller à une vague rêverie en présence de l'immensité ? Nous ne saurions le dire, mais, en tout cas, sa pensée est loin. Dans toute cette figure, dans son attitude, dans la tête, dont on aperçoit à peine le profil, et jusque dans les mains, il y a une expression de vérité et une poésie sauvage indéfinissables. Quant à la mer, elle est superbe et semble vous attirer. La seule critique que nous nous croirions permise porterait sur la dimension de cette toile : un pareil sujet comportait-il des proportions semblables ?

Après avoir vu encore une petite marine de M. ALLONGÉ, l'auteur des *fusains,* nous pénétrons dans la salle suivante n° 3, B.

Le premier tableau, à gauche en entrant, est un des trois paysages avec moutons, de M. BRISSOT, de l'Yonne; puis, entre deux sujets un peu cotonneux de M. DE BEAUMONT, et au-dessous d'un LÉWIS BROWNE dont nous ne voulons rien dire, figure, sous le n° 255, le merveilleux crépuscule de M. EMILE BRETON. Ce puissant paysage est, à notre avis, l'un des plus beaux du Salon. Nous n'en voyons pas de plus saisissant. Il se distingue par une vigueur de ton, une vérité et une poésie des plus franches. *La Nuit d'Hiver*, du même peintre, est aussi d'un grand effet; quant à son *Automne*, il nous paraît d'une exécution un peu heurtée et demande à être vu à une certaine distance.

Viennent ensuite deux tableaux de chasse de M. BODOY et de M. BODMER, l'auteur de cette charmante série de dessins qui illustrent *la nature chez elle*; trois vues de Venise et du Bosphore, de M. BREST, qui a eu au moins le bon goût de se séparer des imitateurs de Ziem pour donner une note très personnelle, et dont *Les Barques turques* sont fort jolies; *Les Noces de Georges Dandin*, de M. BRILLOUIN; un bon paysage d'Auvergne de M. BONHEUR, un nom prédestiné dans les arts; un petit paysage de M. BERTON (de Seine-et-Marne), qui a aussi exposé des fleurs; deux autres paysages de M. BELLEL; *Une Noce en Alsace*, de M. BRION; des fleurs, de M. BIDAU; encore deux LEWIS-BROWNE, *Le Passage du Gué* et *Le Maréchal Mac-Mahon à Frœschwiller; Une petite Marchande de Pigeons*, de M. BOUCHARD; de beaux portraits de M. BONNEGRACE et de M. BESNARD, qui ne nous semble pas avoir flatté les mains de son modèle; deux beaux paysages de M. BAUDIT et de M. BOUCHÉ (de Seine-et-Marne), dont nous verrons aussi un gentil petit portrait de dragon en pied; puis enfin les envois de M. Bonnat, qui font événement.

Nous ne vous dirons pas grand'chose de ses trois petites fillettes en costume turc, ni de son

Italienne, *Les Premiers Pas,* tableau que M. BONNAT a refait plus d'une fois avec le même talent, et dans lequel nous nous bornerons à critiquer les bras du baby qui ont l'air d'être en beurre ; comme toujours, le maître a peint ces figures sur un fond de chocolat.—Quant au *Christ,* qui est une œuvre considérable et d'un mérite réel, il faut absolument en parler, alors même qu'on n'a pas de bien à en dire. Au premier abord, il est impossible de n'être pas frappé par les qualités de dessin et d'exécution de cet étonnant morceau de peinture, puis on se sent troublé par la façon dont le Christ est éclairé ; on se demande en vain d'où vient la lumière qui l'inonde, au milieu de ce fond lourd et obscur, et qui semble le reflet d'un rayon électrique dirigé de haut en bas. M. Bonnat a-t-il voulu faire du crucifié un corps lumineux par lui-même et resplendissant au milieu des ténèbres ? peut-être, et il faut avouer que ce serait là le seul effort qu'il ait tenté pour diviniser son sujet, car le côté religieux, il ne faut même pas le chercher dans cette œuvre essentiellement matérialiste. Rien dans ce cadavre en décomposition ne révèle le fils de Dieu, expirant pour sauver l'humanité ; c'est un vulgaire criminel quelconque, l'un des deux larrons, peut-être, mais rien de plus.

M. Bonnat paraît avoir oublié que Jésus ne resta pas en croix plus de quelques heures, et en admettant que le fils de Dieu, qui devait ressusciter le troisième jour, ne fût pas préservé de la pourriture, par une grâce spéciale, il est bien certain que son corps fut mis au tombeau avant d'être arrivé au degré de décomposition dans lequel M. Bonnat s'est complu à le représenter : « *Lors-*

» *que le soir fut venu,* dit l'Evangile selon saint Ma-
» thieu, un homme riche d'Arimathie, nommé
» Joseph, qui était aussi disciple de Jésus, vint et
» s'approcha de Pilate.

» Il demanda le corps de Jésus. Alors Pilate
» ordonna que le corps lui fût rendu.

» Et Joseph ayant pris le corps l'enveloppa dans
» un linceul blanc,

» Et le plaça dans un sépulcre neuf qu'il avait
» fait tailler dans le roc. »

On a raconté que M. Bonnat avait eu le courage de travailler pendant quinze jours devant un cadavre cloué sur une croix, ce qui expliquait jusqu'à un certain point le côté réaliste et les détails repoussants de son œuvre. Mais cela n'est pas exact. Il a pris pour modèle un vieux sergent de zouaves, et ne le trouvant sans doute pas assez laid, il fit mouler les jambes tuméfiées et couvertes de varices, d'un corps livré à la dissection et qui avait pourri sur les marbres de l'Ecole de Médecine.

Ce tableau est destiné, nous dit le livret, à l'une des salles de la cour d'assises de Paris. En ce cas, c'est plutôt du côté des accusés que du côté des juges qu'il faudrait le placer, car il représente bien plus le crime que la justice, bien plus le châtiment humain que la miséricorde divine. Qu'il y a loin de là aux beaux Christs si religieux de l'école flamande et de l'école espagnole !

Nous passons maintenant dans la salle n° 4 B, où nous rencontrons d'abord les nos 405 et 406 de M. Clouet, deux tableaux de nature morte aussi forts que des Desgoffes ; puis *Une Lande en Bretagne,* de M. Bernier ; deux *Coptes* de la Haute-Egypte, de Mme H. Browne, dont nous verrons plus loin un beau portrait d'homme et un très beau portrait d'une vieille dame ; un Compte-Calixte, *Le Rêve d'un Artiste*, ou *La Croix d'Honneur*, vraie vignette de romance ; deux paysages de M. Paul COLIN ; *La Chapelle des Pêcheurs à Plouha*, de M. CHARDIN ; *Les Ramasseuses de Bois*, de M. BILLET, dont nous avions déjà remarqué l'an dernier *Les Coupeuses d'Herbe*. Très bon tableau, un peu roux peut-être, et que nous préférons aux *Contrebandiers* du même peintre ; une marine de M. BELLÉE ; un petit portrait de M. BRIGOT (de l'Aisne), et *La Charité*, le premier de trois tableaux de M. BOUGUEREAU, dont les deux autres envois, *Homère et son Guide* et *Les Italiennes à la Fontaine*, figurent sur le mur en face.

Nous sommes assez embarrassé pour vous parler de ces tableaux, trop admirés du bourgeois, dont l'idéal en peinture est resté Ary-Scheffer, trop décriés des artistes, dont les jugements sont souvent passionnés. Il faut reconnaître que la peinture de M. Bouguereau est de la très belle peinture... en carrosserie ; on s'y mirerait comme dans un panneau de voiture, tant c'est lisse, poli et luisant : autant miroir que tableau. Pas une hardiesse, pas même une vigueur, pas une touche qui vibre ; on dirait du lavis à l'huile. Toute la critique de cette peinture d'un homme de mérite nous semble tenir dans ces deux mots que l'admiration arrachait l'autre jour devant nous à une jeune miss Anglaise : *Is is so fresh, so neat!* C'est si frais, c'est si propre !

Viennent ensuite un grand portrait de M. COEFFIER ; *La Récréation* de M. CARRÉ-SOUBIRAN (de Seine-et-Marne) ; *Le Saint-Augustin*, de M. CHARLIER (du même département), étude un peu sombre ; *Un Salon de Collectionneur*, de M. CAR-

RIER-BELLEUSE, le fils du sculpteur (1) ; un paysan, très-réaliste, de M. COUTURIER ; *L'Hiver*, de Mlle BOURGES ; *Un Cardinal chez ses Neveux*, de M. BARON, qui a exposé avec cela des *Joueurs de Boule* et *Un Fou ; L'Adieu des nouveaux Mariés*, de M. BORJESSON ; un beau paysage de M. BERNIER, que nous avons déjà cité ; *Une Ecole des Frères*, de M. BONVIN, et *Une Ecureuse*, du même ; un paysage de Mlle BERTHELON ; *La Bénédiction pontificale à Sainte-Marie-Majeure*, de M. BALZE ; un chien d'arrêt, grandeur naturelle, de M. CATHELINAUX, de la Meuse ; *Une Suissesse au XVIe siècle*, de M. L. COLIN ; *Une Sérénade à Capri*, de M. BENNER ; *Pendant l'Invasion*, de M. BRUNET-HOUARD, lugubre souvenir qu'on croirait emprunté à la Champagne ; de beaux fruits beaucoup trop éclatants et une très-belle nature morte, de M. CLAUDE ; *Les Ruines du Château de Lavardin*, par M. BUSSON ; et enfin l'*Aspasie*, de M. CHARBONNEL, dans laquelle on distingue quelques qualités à côté d'une grande inexpérience.

Dans la salle n° 5, B et D, nous remarquerons d'abord un paysage, de Mlle COLLART ; *Un Quai du Portrieux*, de M. BOUDIN, peintre qui a souvent la vue juste et la main heureuse ; un petit BEYLE vraiment joli et le meilleur des trois ; *Le Salon de 1874*, de M. CABAILLOT-LASALLE, amusant et très curieux, en ce sens que les différents tableaux qui y figurent ont été exécutés par les auteurs des originaux, entre autres par Mme H. BROWNE, M. COROT, M. RICHET, M. VEYRASSAT, etc., et, au-dessus, *La Vénus*

---

(1) M. Carrier-Belleuse, le sculpteur *(hors concours)*, est du département de l'Aisne.

Astarté, de M. BIN, beau fragment de décoration pompéïenne.

> C'est Vénus Astarté, fille de l'onde amère,
> Secouant, vierge encor, les larmes de sa mère,
> Et fécondant le monde en tordant ses cheveux....

Nous vous signalerons ensuite plusieurs épisodes de la guerre dernière : *Une Reconnaissance de Hussards prussiens*, de M. BRISSET ; *Le Défilé sur le Champ de Bataille* et *un Convoi de Chevaux menés à l'Abattoir, pendant le Siége de Paris*, deux tableaux empreints d'une profonde tristesse, et dont l'auteur, M. BAYARD, est du département de Seine-et-Marne ; *La Bataille de Rezonville*, de M. BEAUCÉ, dont le sujet seul est intéressant et dans lequel nous avons cru reconnaître le colonel Ney d'Elchingen chargeant à la tête de ses hommes un révolver au poing ; *Le Maréchal de Mac-Mahon à Melegnano*, de M. DE BEAUREPAIRE, tableau qui, comme le précédent, n'attire l'attention que par son sujet ; *Un Enterrement dans le Puy-de-Dôme, par un affreux temps de Neige*, de M. BERTHON ; deux paysages de CHINTREUIL mort récemment; *Après le coup de Feu !* charmante petite toile de M. CASTRES dont nous verrons tout-à-l'heure *Les Tsiganes en Voyage* et *La Fontaine du Couvent* ; une vue de la *Forêt de Fontainebleau* et une autre des *Ruines de Balbeck*, de M. BELLY ; *La Pêche des Moules à Villerville*, de M. BUTIN, du département de l'Aisne ; *Une Rue à Constantine* (qui nous a bien l'air d'une rue mal famée), de M. BRUN, et au-dessus un affreux portrait d'une fort jolie femme, par M. BÉRAUD. On ne peut qu'admirer la modestie de Mme Henri de Montaut, mais on ne saurait trop l'engager à retourner son portrait qui est d'une indécence brutale.

Le Bazar aux Huiles, au Caire, de M. BAUGNIES dont nous avons déjà remarqué tout à l'heure *Le Café chez un Cheik*, se distingue par de sérieuses qualités de lumière et de dessin ; il est en outre d'une impression très-juste et d'une observation très-fine.

Voyons encore, pour en finir avec cette salle : deux paysages de M. CASSAGNE et de M. CHABRY; *L'Automne et la Lecture*, de M. CABUZEL, un imitateur de MM. TOULEMOUCHE et SAINTIN, et enfin un *Saint-Clément*, martyr, secouru par les Anges, de M. CARLIER, qui témoigne au moins d'un effort.

II.

Nous passerons ensuite dans le second grand Salon carré, l'ancien Salon d'honneur, dont nous sortirons un instant pour voir, en haut de l'escalier principal, une conception fort originale du vicomte LEPIC, celui qui accompagnait l'empereur Napoléon III à Sedan. Le vicomte Lepic est plus qu'un amateur, c'est un artiste distingué et un chercheur. Son œuvre, qui méritait certainement une médaille, est un triptyque dont la partie principale représente l'arche de Noé échouant sur les monts d'Ararat : « *Toutes les bêtes selon leurs es-*

pèces sortent de l'arche. » Cette partie est surmontée d'un cintre qui nous fait entrevoir un aspect lugubre du déluge : « *Et la pluie tomba quarante jours et quarante nuits.* » Sur le volet de droite est un corbeau traînant son lourd vol au-dessus des cîmes : « *Et il lâcha le corbeau qui s'envola.* » Sur le volet de gauche est une blanche tourterelle avec une branche de verdure au bec : « *Et il lâcha le pigeon qui rapporta un rameau d'olivier.* »

Il s'est trouvé en France un homme de goût pour acheter cette œuvre remarquable, et nous lui en faisons notre bien sincère compliment.

Il suffira de nous retourner pour avoir en face de nous, entre les quatre Evangélistes de M. MONTCHABLON, qui sont d'un beau style, un carton de M. PUVIS DE CHAVANNES, « Radégonde, retirée au couvent de Sainte-Croix, donnant asile aux poètes et protégeant les lettres contre la barbarie du temps », composition d'une grande allure, d'un grand caractère, et destinée à l'Hôtel-de-Ville de Poitiers, comme le Charles Martel que nous allons voir sous le nº 1526. Le vainqueur des Sarrasins, reçu à la porte de Poitiers par le clergé de la ville, en l'an 732, remercie Dieu de l'avoir choisi pour sauver la chrétienté. C'est une superbe page de l'histoire de France, traitée avec la même distinction, la même élévation de talent que les belles fresques qui décorent les musées de Marseille et d'Amiens, et ont placé M. Puvis de Chavannes aux premiers rangs de notre école moderne.

Nous voici rentrés dans le salon carré, et le premier tableau qui attire notre attention est le nº 653, de DUPRAY (Louis-Henri), né à Sedan (Ardennes), *Une Visite aux Avant-Postes*, nous dit le catalogue. Ce tableau, éminemment spirituel et vrai, est un des succès de l'année.

Le département des Ardennes a tout lieu d'être fier de M. DUPRAY. Depuis que, cédant à une vocation irrésistible et bien motivée, il s'est entièrement consacré à la peinture, le jeune artiste a sauté, par bonds rapides, de succès en succès. Chaque année, son talent si fin, si personnel, s'est accentué davantage, et, parmi les peintres de la jeune école, il est un des plus estimés, non-seulement du public, mais encore des artistes, ce qui est plus rare qu'on ne pense. Son tableau représente le général Ducrot et l'amiral La Roncière Le Noury à la Croix-de-Flandre, avec leur état-major. L'amiral est venu là dans un fiacre conduit par deux marins; au premier plan est un cheval mort. Rien n'est plus juste que l'attitude de chacun de ces personnages éventés et grelottant au milieu d'un paysage gris, froid, trempé par la pluie et noyé dans le brouillard. Avec une donnée aussi triste, M. Dupray est arrivé à composer un tableau tout à la fois très *empoignant* et très amusant, ce qui est un tour de force, et son œuvre, dans laquelle se révèlent des qualités d'observateur et de peintre de premier ordre, sera très remarquée.

En quittant cette toile, devant laquelle le public ne cesse de s'attrouper, nous nous trouvons arrêtés au passage par un délicieux portrait de M. CHAPLIN, plus ferme et plus distingué que ceux qu'il avait exposés jusqu'à présent; et par le *Pardon*, de M. PILLE, qui est du département de l'Aisne; nous voyons ensuite l'*Alerte,* de M. PROTAIS, avec ses petits fantassins groupés comme pour se faire photographier, astiqués comme pour passer une revue, et nous arrivons au tableau de M. DETAILLE, *la Bataille de Reis-*

choffen. Un escadron du 9e cuirassiers, qui tenait garnison à Sedan au moment de la déclaration de guerre, s'est engagé en chargeant dans une rue du village de Morbronn, et vient se heurter, avec l'impétuosité d'un torrent, contre une barricade infranchissable. De toutes les fenêtres, les Prussiens tirent sur nos malheureux cavaliers et les massacrent à bout portant. S'il était facile de trouver un sujet moins pénible au point de vue de notre amour-propre national, il était difficile d'en trouver un plus dramatique et plus sanglant. Comment se fait-il donc qu'il n'émeuve pas davantage? Cela tient, croyons-nous, à ce que M. Detaille, qui possède un rare talent d'exécution, manque de cette qualité qui met l'artiste en communication intime avec son public et lui impose ses sensations. Il a les doigts (la *patte*, comme on dit en terme d'atelier); il lui manque l'âme, le feu sacré. Sa peinture ressemble à de la photographie *enrichie* de couleurs; son dessin en a la précision comme il en a les côtés mesquins. En y regardant un peu, on trouvera un 9 irréprochable sur les boutons de tous ses cuirassiers. De cette minutie, il résulte une dureté qui, jointe à une couleur froide et crue, nuit à l'effet général et à la grandeur de l'œuvre. Et puis, chose plus grave encore selon nous, l'air et l'espace font défaut dans cette toile qui manque absolument de vérité ou de réalisme si l'on veut.

Précisément au-dessus de cet épisode de Reischoffen est un grand portrait, poussé au noir, du maréchal de Mac-Mahon, portrait de M. PRINCETEAU, qui n'a guère d'autre qualité que la ressemblance.

Sous les nos 1463 et 1473 figurent des bouquets de fleurs proprement, trop proprement faits par

MM. Perrachon et Eugène Petit, et un peu plus loin, sur le panneau suivant, apparaissent deux paysages de M. Corot, qui, sans pouvoir être classés parmi ses meilleurs, n'en contiennent pas moins encore plusieurs des délicieuses qualités de ce paysagiste inimitable. (Nous n'en dirions pas autant de son troisième tableau qui figure dans la salle voisine sous le nº 459.) Pour nous, nous n'hésitons pas à le proclamer, M. Corot est le premier de nos peintres de paysages. Personne ne réussit à donner à un petit coin de la nature plus de charme, plus de poésie, plus de mystère. Que de jour, que de lumière, que de fraîcheur d'atmosphère dans ses œuvres ! comme on y voit clair, comme on y respire à l'aise ! Malheureusement M. Corot est poursuivi par un terrible ennemi de sa réputation. Nous avons découvert à ce sujet une légende que nous vous raconterons en quelques mots : Dès que le maître quitte son atelier, un personnage mystérieux, lui ressemblant comme son ombre, vient s'installer devant son chevalet et prendre sur son fauteuil sa place encore chaude. Il s'empare de sa palette et promène, sur des petites toiles vierges, des tampons de ouate trempés dans des rebuts de couleur. Ceci fait, il signe en grosses lettres noires « Corot » et vend ses contrefaçons aux marchands. M. Corot ne se fâche pas trop et le public accepte la signature sur parole, parce qu'au fond ces pochades, qui sont à peine des études, renferment toujours certaines qualités qui les distinguent ; mais, dans l'intéret de sa réputation, M. Corot devrait, chaque fois qu'il sort, mettre sa palette et ses pinceaux sous clef, et surtout défendre sévèrement sa porte aux marchands, brocanteurs et autres juifs de la même espèce. Il ne saurait jouer de plus mauvais tour à ses détracteurs.

Entre les deux Corot : *Clair de Lune* et *Souvenir d'Arleux*, s'étale et s'impose l'énorme composition du Polonais Matejko. C'est une scène de l'histoire de Pologne, intéressante peut-être au point de vue du costume.

Plus loin, sur le troisième panneau, nous retrouvons la fresque de M. Puvis de Chavannes dont nous avons déjà parlé, puis à côté d'elle un beau grand paysage, de M. Defaux, et au-dessus un épisode de la bataille de Sedan, par M. Castellani. Nous ne dirions rien de cette grande toile si elle ne portait en légende sur son cadre : « Un escadron du 1er régiment de cuiras- » siers tente de percer les lignes prussiennes après » la bataille de *Sedan*.—Commandant d'Alincourt, » division Bonnemain. » Légende que le livret développe en ces termes : « Un soldat du 1er ré- » giment de turcos, s'étant emparé d'un cheval » sert un instant d'éclaireur et tombe bientôt, » criblé de balles. Au centre, le commandant » d'Alincourt, blessé ; à sa gauche, le lieutenant » Garnier, blessé ; à sa droite, le capitaine Haas, » blessé ; à l'extrême gauche du tableau, le ca- » pitaine Blanc ; à l'extrême droite, le capitaine » Gounard, blessé ; le lieutenant de Montenon, » blessé, etc. ;—à terre, l'adjudant Thomas, le » lieutenant Théricourt, le sous-lieutenant Anyac, » le capitaine de la Lande, etc. » Les explications étaient indispensables, et l'auteur l'a compris sans doute, car il serait impossible, sans leur secours, de deviner où se passe l'action.

M. Clairin, l'ami de Regnault et son compagnon de voyage au Maroc, a exposé, tout près de là, le *Massacre des Abencérages à Grenade*, une énorme peinture, trop énorme, qui n'est pas sans mérite, et dans laquelle il s'est inspiré de son regretté maître et ami.—Au-dessus de son tableau se cache dans le gris un MAX-CLAUDE, représentant de jeunes miss anglaises à cheval. Ce petit tableau et les deux autres encore plus petits, du même peintre, qui figurent un peu plus loin sous les numéros 399 et 400 ont un succès qui nous paraît difficile à expliquer.

Nous préférons vous recommander un vigoureux paysage de DAUBIGNY, une étroite vallée de la Normandie à l'heure où le soleil vient de disparaître et où toutes les cheminées s'allument pour préparer la soupe du soir, et la *Famille de Satyres*, de M. PRIOU, bon tableau, d'une composition élégante et d'une exécution très correcte.

Regardez, si vous le voulez, en passant, un autre sujet de M. COMPTE-CALIXTE, intitulé, Dieu sait pourquoi ! *Adam et Eve*, et qui ferait encore très bien gravé en tête d'une romance de Nadaud ou des frères Lyonnet ; le tableau de M. CH. COMPTE : *Les Carpes de Fontainebleau*, qui pourrait servir au même usage que le précédent ; et enfin, pour en terminer avec l'ancien salon d'honneur, arrêtez-vous devant le grand tableau de M. PILS, qui a renoncé, cette année, aux scènes militaires pour peindre : *Le Vendredi-Saint en Italie dans un couvent de Dominicains*, et devant *Les Satyres jouant avec une Bacchante*, de M. GERVEX.

En quittant l'ancien salon d'honneur, nous prenons la première porte à droite et nous arrivons dans la salle n° 7, C à D. Nous y remarquons d'abord, sur le mur de gauche en entrant, *Extase de saint Jean-Baptiste*, qui est une des plus belles choses que nous connaissions de M. CABANEL. Le même maître a exposé, cette année, un élégant portrait de la charmante comtesse de La Valette, et un autre grand portrait en pied de la duchesse de Luynes, qui est une des œuvres les plus importantes et les plus admirées du salon. Tout le monde sait que la jeune duchesse de Luynes, fille du duc de La Rochefoucauld-Bisaccia, a eu son mari tué pendant la guerre, sur les champs de bataille de la Loire, où l'avait appelé son patriotisme. Il lui reste deux amours d'enfants : un fils et une fille. La duchesse, en robe noire d'une extrême simplicité, est assise au milieu d'un salon monumental au fond duquel on aperçoit le buste du duc. Ses enfants, voués au blanc, sont auprès d'elle : l'aîné, debout, appuyé dans une attitude charmante contre le fauteuil de sa mère ; l'autre, à ses pieds, jouant avec des roses. Il est impossible de voir plus de grâce, plus de distinction et plus de tristesse réunies. Un journal satirique et communard a trouvé de haut goût de plaisanter cette grande douleur et de se moquer de cette veuve et de ces orphelins devant lesquels le public devrait se découvrir. Le contraire nous eût bien étonné.

Sur le même côté que les portraits de M. Cabanel se trouvent : *Le Péché d'Envie,* de M. CINOT (de Seine-et-Marne), des chats dans une ruelle en contemplation devant un mou de veau suspendu hors de leur atteinte, et trois beaux paysages de MM. César et Xavier de Cock.—Comme M. Corot, M. CÉSAR DE COCK est un délicieux paysagiste ; nous dirions presque qu'il est de son école, s'il n'avait pour cela un talent trop personnel. En tous cas, les deux maîtres ont plus d'un point de ressemblance. De même que les Corot, les de Cock se reconnaissent au premier coup d'œil ; les uns et les autres, que l'on cherche beaucoup à pasticher, n'ont jamais pu être imités de façon à tromper qui que ce soit. M. César de Cock est le peintre du printemps par excellence. On voudrait se pencher au bord de ses ruisseaux pour y boire, on voudrait se rouler dans son herbe ou s'y asseoir, tranquillement adossé contre un tronc d'arbre, avec un livre à la main. Ses tableaux sont des idylles qui donnent la nostalgie des prés et des bois.

M. Xavier de Cock, le frère du précédent, est bien aussi un paysagiste distingué. Sa *Forêt*, n° 544, est un des beaux paysages du salon. Bien composé, largement exécuté, ses verts sont d'une vérité et d'une harmonie de ton très réussie. Peindre une forêt au printemps est un tour de force, la peindre comme l'a fait M. de Cock est un coup de maître. Les deux autres sujets de lui, que nous retrouvons un peu plus loin, 545, *Vaches ;* 546, *Moissonneurs*, sont lumineux, gais et d'une invention gracieuse.

En continuant notre route, nous remarquons une bonne marine de Clays, n° 401, dont le pendant, n° 402, se trouve dans la salle à côté ; puis le *Rendez-vous dans la Montagne*, de Cermack, que nous vous recommandons très particulièrement, ainsi que le n° 569 bis, *David triomphant*, de M. Delaunay ; citons encore en passant un *Enfant de Chœur*, de Mme Compte-Calixte, n° 434, et une petite scène de Cortazzo, les *Marionnettes*.

Ce qui tient le plus de place dans le salon n° 8, C à D, ce sont les trois grands portraits de M. Dubuffe ; pour arriver à eux, nous passons devant un *Cimetière en Normandie*, de M. DALIPHARD, qui n'est pas sans mérite, et du moins, en tout cas, *sans gaîté*. Nous sommes fort embarrassé pour vous parler des portraits de M. Dubuffe, le talent de ce peintre à la mode nous laissant absolument froid. Ses trois femmes sont toutes trois de pareille dimension, posées à peu près de même, et la tête inclinée suivant le même angle. Nous ne saurions vous dire si elles sont ressemblantes, bien que deux d'entre elles, devenues grandes dames depuis, aient été très connues du public parisien.

III.

Le succès de curosité de la salle n° 8 est la figure nue de CAROLUS-DURAN, intitulée: *Dans la Rosée.* L'auteur nous représente, à l'aube du jour, une jeune fille aussi peu modeste que peu vêtue, peignant ses cheveux roux, en plein air. La tête est gracieuse, mais le corps, trop maniéré, rappelle la baudruche par ses formes, et la nacre par sa couleur.

On ne peut pas nier pourtant que ce ne soit une œuvre séduisante, plus encore peut-être par ses défauts que par ses qualités ; mais nous préférons beaucoup le baby du même peintre qui est ravissant et que nous allons voir dans la salle suivante, à côté du portrait de la comtesse de Pourtalès.

Quant à celui-ci, nous sommes loin de partager l'engouement d'une partie du public. Du reste, si ce portrait est complétement manqué, selon nous, il faut s'en prendre moins à l'auteur qu'au modèle. Comment Mme de Pourtalès, la distinction, la finesse, la grâce en personne, a-t-elle pu concevoir l'idée de se faire peindre par M. Carolus-Duran ?

On dirait l'image de l'aristocratique comtesse reflétée dans une boule de jardin. La tête est modelée à coups de poings ; le nez, cerclé d'ombre, semble posé sur le visage comme un nez d'argent ; les cheveux n'ont aucune transparence, et quant aux mains, qu'on admire généralement de confiance, elles ne sont ni dessinées ni peintes. Derrière tout cela se dresse un un grand fond vert à ramages qui a l'air, tant il avance, de pousser la belle comtesse hors de son cadre.

Nous nous garderions bien de nier le mérite de M. C. Duran ; mais nous en sommes encore à attendre de lui *un tableau.* Jusqu'à présent, sa réputation repose sur quelques portraits où se révèle un tempérament indiscutable, mais cela ne suffit pas; il lui reste à prouver qu'il est capable d'avoir une idée, une conception un peu élevée et de la mettre à exécution.

Nous venons d'empiéter sur la salle nº 9, et, avant d'y entrer, nous sommes forcés de revenir sur nos pas pour admirer les deux portraits de M. COT, qui peuvent être classés parmi les meilleurs de l'année. Dans les deux salles que nous avons un peu confondues, nous vous recommanderons encore deux fort jolies marines de M. COURANT, nºs 484 et 485. Nous voilà bien, cette fois, dans la salle nº 9, *C à F.* Nous y trouvons d'abord *Un Ravin en Algérie,* de FROMENTIN, qui ne vaut pas son second tableau, un autre *Souvenir d'Algérie*, devant lequel nous passerons tout-à-l'heure.

La réputation de Fromentin comme peintre d'Orient est depuis longtemps établie ; mais nous préférons encore, pour notre compte, l'écrivain à l'artiste, et nous ne saurions trop recommander, à ceux qui lisent, deux volumes intitulés : *Un Eté dans le Saël, Un Hiver dans le Sahara*. Viennent ensuite les Italiennes de M. DE CONINCK, *Scène de Carnaval à Rome*. C'est joli — dit-on — trop joli, mais toujours la même chose ; nous n'en voulons pour preuve que les deux autres tableaux du même peintre : *Petits Chats*, nº 549, une Italienne jouant avec des chats, et *Il Farniente*, nº 548, une Italienne sans chats. Après les *Confetti*, nous remarquons deux vigoureux paysages de DORÉ, *Une Vue des Vosges* et *Une Vue des Alpes*, puis un DESGOFFE de la meilleure qualité, un autre moins bon qui représente un coin du boudoir de la comtesse de La Valette, et enfin, entre ces deux trompe-l'œil imitant, à s'y méprendre, des bibelots de grand prix, nous voyons éclater, comme un feu d'artifice, la sublime composition de Gustave Doré, *Les Martyrs chrétiens*, qui sont l'événement du Salon.

Commencerait-on, enfin, à apprécier à sa valeur le grand artiste qui eut le privilége d'ameuter contre lui toute la troupe des impuissants et des envieux ?

Il n'est personne pour qui on ait été plus injuste que pour Gustave Doré, et il n'y a qu'en France, croyons-nous, qu'un pareil scandale ait pu se produire. Les peintres, qui admiraient volontiers son crayon, ne lui ont pas pardonné d'empiéter brusquement sur leur domaine où il devait les écraser de toute l'ampleur de son génie, et, comme ils n'avaient pu lui interdire l'accès de leur art, ils le proclamèrent incapable de se servir d'un pinceau et d'une palette. Quant au public, il les a crus sur parole. Ne connaissant guère que le *Rabelais*, les *Contes drôlatiques*, *Le Dante*, *Atala*, *Don Quichotte*, *La Bible*, etc., il s'est laissé persuader que Doré ne pouvait être autre chose qu'un merveilleux dessinateur.

Et pourtant, à aucune époque, dans aucun pays, aucun peintre (et nous n'exceptons ni Paul Véronèse, ni Rubens, ni Velasquez) n'a été doué d'une imagination aussi puissante, aussi féconde, d'une faculté de production aussi multiple, aussi variée. Pour s'en rendre compte, il faut connaître l'œuvre entière de ce travailleur infatigable qu'on s'obstine à reléguer parmi les illustrateurs de livres, et qui est malheureusement obligé d'en appeler à l'étranger du jugement de ses compatriotes.

Nous avons affirmé qu'il était le plus fécond, le mieux doué de tous les artistes présents et passés, eh bien! nous prétendons, avec la même conviction, que, quoi qu'en disent ses *concurrents*, il n'y en a pas un parmi eux qui dessine comme lui, pas un qui soit coloriste au même degré que lui, et nous en fournissons la preuve. Doré, qui a peint les plus grandes toiles de notre époque, dans lesquelles il a accumulé un nombre inouï de personnages de toutes les dimensions, Doré n'a jamais eu un modèle, jamais il n'a copié quoi que ce soit. Tout ce qu'il a fait, il l'a fait d'imagination. Vous ne trouverez dans son atelier ni un mannequin, ni un plâtre, ni une étoffe, ni une arme, rien; ce qu'il n'a jamais appris, il l'invente, ce qu'il n'a jamais vu, il le devine.

A-t-il raison d'agir ainsi? Nous n'oserions le soutenir; mais il est l'esclave de son génie, qui le pousse sans cesse en avant et ne lui permet pas de s'arrêter plus de quelques jours sur un tableau qui, pour tout autre, représenterait une vie entière de travail. Ah! si un jour, ne fût-ce que pour confondre la critique, Doré voulait résister à l'élan de son imagination, et si, après avoir composé librement son sujet, il s'astreignait à l'exécuter entièrement, jusque dans ses moindres détails, d'après le modèle, quelle œuvre sans rivale il produirait, et comme il répondrait victorieusement à ses détracteurs!

Vraiment, quand on voit ces impuissants, plus marchands qu'artistes, qui, chaque année, retournent le même petit sujet qu'ils copient sur le même modèle, contester l'homme qui, avec une conviction et un courage que rien n'a rebutés, a tout sacrifié à la recherche du grand art: fortune, temps, plaisir, sans se demander jamais si tel ou tel de ses tableaux se vendrait, cela fait pitié! On dirait des pygmées jetant des bâtons dans les jambes d'un géant.

Nous ne saurions trop regretter que M. Doré n'ait pas envoyé au Salon son tableau des *Croisés* qui a figuré à l'exposition des Amis-des-Arts, et n'ait pas envoyé surtout son *Songe de la Femme de Pilate*, une des compositions les plus merveilleuses qu'on puisse imaginer : dans le coin de gauche du tableau, la femme de Pilate, en proie à un songe terrible, s'avance sur une espèce de terrasse avec la rigidité du sommeil magnétique. De la porte entr'ouverte de son appartement s'échappe un flot de lumière qui enveloppe cette pâle figure et dont un rayon éclaire la silhouette de l'archange planant à ses côtés, et déchirant pour elle le voile de l'avenir. C'est d'abord la passion et la résurrection de l'Homme-Dieu, que son doigt lui montre, puis les premiers progrès et le développement de l'idée chrétienne; c'est la chrétienté tout entière, ce sont dix-huit siècles d'histoire qui se déroulent sous ses yeux et que domine toujours la divine figure du crucifié.

Nous nous apercevons que nous n'avons pas dit un mot des martyrs chrétiens. Essayons d'en donner une idée :

La nuit couvre le Colisée de son ombre. L'arène est jonchée de cadavres sur lesquels rampent, en hurlant, les bêtes fauves repues de sang chrétien. Du haut de la voûte étoilée une innombrable légion d'anges descend vers les victimes et vient poser sur leur tête l'auréole du martyr.

Avant de continuer notre promenade rapide, nous nous arrêterons devant le nº 522, *Les Champs au mois de Juin*, de DAUBIGNY, et devant *La Favorite*, de CORNILLIET, grande et agréable figure nue, qui se distingue des autres nudités, moins nombreuses cette année que les années précédentes, par sa chasteté et sa grâce.

Nous passons de la salle nº 9 à la salle nº 10, C à G. Après le second FROMENTIN que nous avons déjà signalé, nous trouvons un paysage un peu noir de M. DE FLAHAUT, nº 728; un portrait trop maniéré de M. FEYEN-PERRIN, nº 722; un grand paysage assez lourd de M. CAILLOU nº 302; un portrait en pied, que nous croyons être celui de Mme Trélat, par Eug. FAURE; de jolies fleurs de Mme ESCALLIER; *L'Heure de la Rançon*, de M. DETOUCHE, peintre exempt, né à Reims, et qui a exposé aussi *Les Conseils de l'Aïeul*; une tête de moine et un portrait de M. DARGENT, né à Verdun; *Les Maraudeurs*, de DELORT; *Une Halte d'Avant-Garde*, par M. du PATY; un petit FEYEN amusant, *La Pêche des Huîtres à Cancale*; et enfin le double panneau de M. DUEZ, représentant, sous le nº 644, une élégante cocotte à cheveux roux au temps de sa splendeur, et la même, vingt ans plus tard, transformée en une immonde chiffonnière.

M. Duez nous semble engagé dans la même voie que M. Carolus Duran, qu'il pourrait bien dépasser avant peu. Nous avions déjà remarqué, l'an dernier, ses *Amoureux sous Bois*, qui révélaient quelqu'un; son exposition de cette année marque un très grand progrès. Le panneau de gauche est étonnant, et si on se reporte avec bonne foi aux premiers portraits exposés par M. Carolus Duran, on sera certainement de notre avis. Il ne manque à M. Duez que de travailler un peu ses chairs.

Nous pénétrons ensuite dans le second salon carré, celui qu'on avait baptisé autrefois du nom significatif de *dépotoir*. C'était là, en effet, qu'on entassait les plus mauvaises croûtes. Cette année, le *dépotoir* est devenu la salle nº 11, E à G, et nous allons voir qu'elle ne mérite en rien son ancienne qualification. Ce qui nous frappe en y entrant, c'est une grande et belle composition de M. LEROUX, *Le Supplice de Saint Laurent*, qui dénote un vrai tempérament d'artiste, et au-dessous, un peu à gauche, *Le Cardinal*, remarquable petit tableau entièrement rouge, de M. LAURENS, dont nous aurons à reparler. Nous passons après cela devant les nºs 1,059 et 1,060, de M. LAMBERT, qui s'est fait une spécialité de peintre de chats, et les peint avec beaucoup d'esprit et de vérité. L'*Installation provisoire*, représentant une famille de jeunes chats en train de mettre le désordre dans le tiroir d'une commode, pour s'y faire un lit, est particulièrement amusant; n'oublions pas une petite vue très fine du *Village des Nègres à Tébessa*, de M. FLOGNY, de l'Yonne.

Le LUMINAIS, que nous trouvons du même côté, nous fait regretter que cet artiste, d'un talent si mâle et si consciencieux, n'ait pas envoyé cette année d'œuvre plus importante. Sur le même pan de mur, un grand tableau de M. GRELLET, destiné à l'église de Conflans, représente Sainte Honorine confessant la foi de Jésus-Christ, et couvre de son ombre une bonne marine de M. FLAMENG. Une autre peinture religieuse, destinée à l'église de Créteil, *Le Baptême de Saint Agoard et Saint Aglibert*, par M. LEROLLE, mérite d'être signalée. Tout de suite à sa gauche se dissimule un petit FICHEL, *La Forge du roi Louis XVI*, qu'on a déjà spirituellement baptisé de ce sous-titre par à peu près : ou l'*Invention de la Serrure* FICHEL. Nous remarquons, en continuant, *Une Baigneuse*, par M. Tony FAIVRE, qui a un peu plus loin deux autres petits sujets de même dimension, dont l'un surtout, le nº 699, *En Visite*, est bien; un FEYEN-PERRIN d'un joli effet, *Retour de la Pêche*; un portrait de la bouquetière des *Eclaireurs*, par GLAIZE fils, et nous nous arrêtons devant le *Sarpédon* d'Henri LÉVY, nº 1,206, la Mort et le Sommeil apportant à Jupiter le corps de son fils Sarpédon, tué au siége de Troie, belle composition d'une exécution vigoureuse, d'un dessin distingué et d'une harmonie savante, à laquelle nous préférons cependant *Le Christ au Tombeau*, exposé l'an dernier par le même peintre. En continuant notre route, nous passons devant une très jolie marine de M. LATOUCHE, de Seine-et-Marne, et devant un portrait de Mlle DE GUIMARD ; nous remarquons un superbe paysage de M. FRANÇAIS, qui est véritablement d'un maître ; un Firmin GIRARD, *Rêverie ;* un Jules GOUPIL, *Les Fiançailles,* charmant tableau dans lequel on retrouve le petit citoyen de l'an IX, qui fit au Salon de 1873 le succès du peintre ; *L'Enlèvement de Déjanire*, grande toile dans laquelle il y a de très beaux morceaux, par M. LEMATTE, de l'Aisne ; *Un Stabat Mater,* de LAZERGES, qui se distingue par de solides qualités de ton et de dessin ; un paysage de GOUZET, nº 846 ; *Le Quai d'Ivry,* de M. LÉPINE, un peu froid, mais d'un effet assez juste, et nous arrivons aux trois tableaux de M. GÉROME, les plus entourés de cette grande salle. M. Gérome est sans contredit un peintre de beaucoup de talent et un artiste très consciencieux. *Son Eminence grise* est une jolie idée. « Quand les courtisans la saluaient, elle faisait semblant de lire son bréviaire et de ne pas les apercevoir. » L'Eminence, quoiqu'un peu grêle, est bien ; nous n'en dirons pas autant des courtisans, que l'on croirait collés les uns contre les autres. Nous préférons le nº 796, *Une Collaboration,* qui est très réussi. Quant au nº 797, qui représente un buste de Voltaire, vu de face, et un Frédéric de Prusse, jouant de la flûte, vu de dos, nous n'en dirons rien de peur de nous laisser aller à en dire du mal.

IV.

Nous nous sommes arrêtés dans notre dernière promenade après avoir passé en revue le deuxième salon carré. Nous recommencerons aujourd'hui notre visite par la salle nº 12, L.

Cette salle, qui est la plus petite, est aussi la moins bien garnie ; il s'y trouve cependant quelques tableaux à signaler : Un petit LÉPINE, *L'Ile Saint-Denis ;* une vue de Danemark et une vue de Suisse, de M. de GEGERFELT ; *Les Brisants du Stang* (Finistère), de M. LANSYER, une grosse vague qui manque un peu de transparence ; *Un Blue-Boy*, de M. GONZAGUE-PRIVAT, inspiré évidemment de l'*Enfant Bleu* que M. C. Duran avait exposé en 1873 ; puis *Un Louis IX et ses Hôtes*, de M. LAUGÉE, qui demande une explication. L'auteur a pris pour sujet de son tableau ce passage de la Vie des Saints : « Louis IX avait toujours à dîner et à souper » trois vieux pauvres. Les sages du monde tâchaient » de le détourner de cela, estimant que cette humi- » lité ne pouvait compatir avec la majesté de son » état. » M. Laugée a, dans la salle nº 16, des enfants de chœur et un portrait de femme dont nous ne lui ferons pas compliment.

Nous citerons encore un paysage de M. GUILLEMER ; un petit tableau de M. GROLLERON, intitulé : *Quand les Maîtres n'y sont pas ;* un autre de M. GIDE, intitulé *Deux mauvaises Connaissances; Une Vue de la Forêt de Fontainebleau*, de M. LAPIERRE; *Un Pêcheur à la Ligne*, de M. GROS, qui a exposé plus loin *Un Arquebusier Louis XIII*; *Le Repos*, de M. GUÉRARD, de l'Yonne; et enfin deux tableaux de M. GLAIZE, tous deux d'un genre bien différent. Le premier, *Les Cendres*, est une de ces compositions étranges dont M. Glaize semble avoir la spécialité. Des fous, des misérables, des actrices, des grands seigneurs, des souverains et des pontifes, groupés pêle-mêle, attendent les cendres qu'un moine va leur mettre au front en leur rappelant qu'ils ne sont que poussière : *Memento, homo, quia pulvis es et in pulverem reverteris*; *L'Allée de Rosebois* est une simple idylle représentant une jeune femme assise sur un banc à l'ombre d'arbres séculaires.

Nous allions oublier le n° 1065, *Morts en ligne*, de M. LANÇON, que nous nous serions du reste bien gardé de mentionner s'il n'avait la prétention d'être une vue du champ de bataille de Bazeilles, le 1er septembre 1870, à cinq heures du soir.

Quittons cette petite salle pour passer dans la salle n° 13, H. K. Le premier tableau qui nous frappe, en entrant, est *Le Repos*, de M. Eugène GIRAUD. Par un procédé dont il a sans doute le secret, M. Giraud nous introduit dans l'intérieur d'un *Harem* et nous montre deux femmes en costumes orientaux, nonchalamment étendues sur un divan aux riches couleurs; nous profiterons de cette occasion unique pour voir, pendant que nous y sommes, *La Marchande de Bijoux au Harem*, du même peintre, qui figure un peu plus loin sous le n° 823. Que Mme Henriette Browne ait pu peindre des intérieurs de harems, cela s'explique ; mais que MM. Giraud, Beyle, etc...., aient réussi à forcer la porte de ces demeures impénétrables, voilà qui nous paraît un mystère, à moins que...

M. Giacomotti nous arrache aux séductions de l'Orient pour nous faire voir un assez mauvais portrait dont nous ne lui ferons pas plus compliment que de celui de Mme Barthe-Banderali, exposé un peu plus loin et qui est pourtant moins prétentieux que le premier. Tout à côté, *Le Champ de Courses de Longchamps*, de M. Grandjean, ressemble à une chromo-lithographie anglaise. *Des Songes des Mille et une Nuits* au *Tout-Paris*, nous n'avons fait qu'un bond ; un autre bond nous transportera du bois de Boulogne en pleine mer ; et quelle mer ! une mer furieuse, sombre, effrayante, terrible : le flot se soulève avec rage et se brise contre un autre flot, en vomissant des nuages d'écume qui s'élèvent pleins de menaces vers le ciel, dont les eaux se confondent avec celles d'en bas. Il semble qu'on entende gronder la tempête, le froid vous saisit, on se sent mouillé. Tout cela tient dans une toile de quelques centimètres, signée d'un nom ardennais. M. Herst, de Rocroi, dont la réputation est depuis longtemps établie, a exposé, en outre, deux bons paysages : *Soleil levant sur la Rivière de Rotterdam*, et *Un vieux Pont en Hollande*. Peu de jours avant l'ouverture de l'exposition, il avait reçu, du ministre de l'instruction publique et des beaux-arts, la croix de la Légion-d'Honneur, qu'il méritait bien.

En quittant *Le Gros Temps*, de M. Herst, nous passons rapidement en revue : *Un Relai sous Bois*, de M. Gélibert, qui intéressera les chasseurs ; un bon portrait, de M. Genaille, de l'Aisne, dont nous trouverons un second portrait deux salles plus loin; *Un Intérieur de Cour à Constantine*, de M. HÉDOUIN; *Un Intérieur à Alger*, de M. GUILLAUMET, dont nous voyons en face un tableau plus important : *Défrichement sur la frontière de Maroc*. Avec MM. Fromentin et Berchère, M. Guillaumet est un de nos meilleurs peintres d'Orient et l'un des plus consciencieux, ce qui est bon à noter à une époque où tant de gens font de l'Orient de convention.

Nous trouvons ensuite un beau paysage de M. HARPIGNIES : *Bords de l'Aumance ; Un Débarcadère en Suisse*, de M. Charles GIRAUD : *La Synagogue de Tétouan*, de M. Alexandre HIRSCH, qui a exposé aussi *Une Juive d'Oran ; Le Sommeil*, de M. GUAY, grande figure nue, assez bien modelée; *Charles IX et Catherine de Médicis se rendant chez l'amiral de Coligny, le 22 août 1372*, de M. GIDE; *Les Fiancés*, de M. FIRMIN-GIRARD, très joli petit tableau de l'époque de Louis XIV; *Une Italienne*, de M. GLAIZE fils; un portrait de M. Couder, par M. HUAS; un autre de M. Alard, par M. GUESNET; *Un Jour de Contrat* (Vanille et Fraises), de M. Ch. HUE; *Les Apprêts du Marché*, (Deux Bretonnes), de M. HUBLIN; un beau paysage, de M. DE L'AY; *L'Intérieur de l'Atelier d'un Artiste à Rome*, de M. FERRANDIZ, élève et imitateur de Fortuny; un des trois paysages de M. HANOTEAU; *Une Danse de Nègres à Alger*, de M. GIRARD; enfin, les numéros 843 et 844, de M. GOUBIE, et les numéros 908, 909, 910, de M. HENNER, que nous avions réservés pour en dire quelques mots. M. Goubie, qui s'est fait une spécialité de petits chevaux et les peint fort bien, a exposé *Un Manége sous Louis XV*, très intéressant ;

son second tableau, intitulé : *Nous aimons tant ces Bêtes-là !* représente des poneys qui sont les amis de la maison et auxquels de jolies mains gantées donnent du sucre. Quant à M. Henner, nous hésitons d'autant moins à nous prononcer sur son envoi de cette année, que nous sommes de ses admirateurs. Son portrait de femme, qui est d'un beau ton, ne nous paraît pas aussi heureux que les précédents. Peut-être est-ce un peu la faute du modèle. *La Madeleine au Désert,* raide et commune, ne représente certainement pas la belle courtisane repentie, et le plus important de ses tableaux, *Le Bon Samaritain,* est d'une tonalité grise et froide qui manque un peu de charme.

Nous arrivons à la salle nº 14, G à H. Entre deux JUNDT, *Le Denier de Sainte Anne,* et *Un Souvenir de l'Oberland,* nous trouvons tout d'abord une belle peinture religieuse d'un grand style et d'une véritable distinction : c'est *la Vierge, L'Enfant-Jésus et le Saint Jean-Baptiste,* de M. HUMBERT ; puis *Une Marine,* de M. HAAS ; *Une Vue du Tyrol,* de M. KUWASSEG ; *La Judith,* de M. DE GIRONDE, qui est d'un beau mouvement et d'une belle couleur ; *Une Vue de Bercy,* de M. GUILLEMET; *Le Premier Cri,* de M. Alphonse HIRSCH; *Une Chasse au Faucon,* de M. HUGUET; *Des Cuirassiers en manteau rouge escortant une Voiture de Fourrage sur une route couverte de Neige,* par M. GUIGNARD, et le nº 1024, de M. KREYDER, devant lequel nous nous arrêterons un instant.

Pour nous, ce tableau, qui s'intitule modestement *Un Champ de Blé,* est des plus remarquables. Un blé mûr avec des épis d'or, des fleurs des champs qu'on voudrait cueillir, deux petites cailles, et voilà tout ; mais comme c'est vrai et comme c'est peint ! Dans la salle à côté, M. KREYDER a exposé des *Raisins* et des *Pêches*, qui sont bien les fruits les plus appétissants que nous ayons jamais vus. La salle n° 14 contient en outre trois petits sujets de M. HEULLANT, dont deux surtout, les n°s 926 et 928, bien que toujours un peu papillotants, sont d'une grâce et d'une élégance charmantes. Nous les quitterons à regret, rappelés à la réalité par deux portraits de vieillards d'un peintre américain, M. HEALY. L'un, sur fond vert, est le portrait du ministre des Etats-Unis ; l'autre, sur *fond rouge* (serait-ce une allusion?) est le portrait de M. Thiers. Remarquons en passant un vigoureux paysage de M. GOSSELIN ; deux petits tableaux de M. GUÈS; *La Pêche à la Ligne*, de M. FIRMIN GIRARD, qui paraît être le portrait d'un jeune ménage auquel tout sourit ; *Messaline insultée par le Peuple à sa sortie de Rome*, de M. HENNEBICQ ; *Une Vue de la Forêt de Fontainebleau*, de M. GELIBERT ; une autre, de M. GUILLEMER, qui a exposé aussi, sous le n° 785, *Deux Chiens d'arrêt, devant un Feu qui pétille* ; *Deux Grands Loups*, de M. GIRARDET ; *Une Vue d'Evian*, de M. HERLIN ; *Un Souvenir de Dinard*, du même, et un admirable portrait de M. HÉBERT. Pourquoi M. Hébert n'a-t-il envoyé que ce portrait, et pourquoi un pieux scrupule ne lui a-t-il pas permis d'exposer sa *Madone*, une des œuvres les plus parfaites de l'école moderne ?

Par un singulier hasard, dans cette salle où nous avons à peu près tout vu, se trouvent deux tableaux, les n°s 921 et 929, qui touchent de très près à l'histoire des Ardennes. C'est d'abord *La Légende de Saint Hubert*. M. HERMANN-LÉON a peint le patron de l'Ardenne à cheval, au milieu des bois, à l'instant où lui apparaît le cerf miraculeux. Malheureusement, l'exécution n'est pas à la hauteur du sujet, et nous préférons *Le Fino*, chien basset, du même peintre, Le n° 929 représente *Le Jeune Vicomte de Turenne endormi sur un affût de Canon*. Tout le monde sait par cœur cette touchante histoire du héros sedanais, passant, à l'âge de dix ans, la nuit sur les remparts pour prouver à son père qu'il serait de force à faire un soldat. Comme M. HERMANN-LÉON, M. HILLEMACHER nous paraît être resté très au-dessous de son sujet. Pour que ce tableau offrît quelque intérêt, il eût fallu au moins qu'il donnât une certaine idée du lieu où la scène se passe, et on n'y rencontre nulle trace d'une préoccupation de ce genre. Il n'était pourtant pas difficile de se procurer un croquis ou des photographies du château de Sedan, et de le reconstituer tel qu'il existait au temps de Turenne.

La salle n° 15, J à L, qui va nous occuper maintenant, contient surtout de beaux portraits : portraits d'hommes, portraits de chiens. Parmi les premiers, nous vous recommanderons d'abord ceux de *M. Edd. André*, de *M. de Wendel* et *Mme de Wendel*, par Mlle NELIE JACQUEMART, après lesquels nous citerons encore *Un Portrait de l'archevêque de Tours*, par M. LAFON, et un autre de M. LEMAN. Parmi les seconds, nous vous recommanderons ceux de *Tony*, un délicieux griffon, de *Beaupoil*, un caniche blanc qui a l'air de n'attendre qu'un *partner* pour faire sa partie de domino, et de trois grands chiens d'ordre Vendéens, de toute beauté, par M. JADIN. Décidément personne, pas même l'Ardennais Fr. Desportes, n'a peint les chiens comme les peint M. Jadin.

Dans la même salle, *Le Bagage de Croquemitaine*, de M. LOBRICHON, qui a exposé aussi un joli portrait d'enfant, semble plaire beaucoup au public : cinq pauvres *babys* sont entassés dans une hotte ; les uns pleurent à chaudes larmes, les autres ont des airs singulièrement effarés, tousfont, ensomme, d'assez drôles de grimaces. Un autre tableau amusant, dans un autre genre, est *La Plage de Scheveningue*, de M. KÆMMERER ; mais il nous est gâté par un parti-pris de blanc, de rose et de lilas qui fait mal aux yeux. Les deux tableaux d'Orient, de MM. JOURDAIN, *La Lecture du Coran dans une Boutique au Caire* et *Le Cheik El-Dahaki*, sont bien observés et bien composés ; ce dernier surtout est un remarquable début. Voyons encore *La Fille du Jardinier* et le *Molière chez Ninon de Lenclos*, de M. LEYENDECKER ; puis, pour finir, trois beaux paysages de M. KNYFF, dont l'un, surtout, est excessivement fin, et *Une Vue de Dieppe*, de M. LAPOSTOLET, assez juste d'effet, mais trop lâchée. M. Lapostolet, qui a exposé plus loin *Une Vue de l'Avenue des Ternes*, à laquelle nous adresserons la même critique, appartient à une école dont la manière nous rappelle l'écriture de ces gens qui n'achèvent jamais les mots, parce qu'ils ne sont pas sûrs de leur orthographe.

La salle n° 16, dans laquelle nous entrons, nous demandera moins de temps que les autres. Nous passerons rapidement devant les *Bouchers de Venise*, en gondole naturellement, de M. LECOMTE DU NOUY ; devant une *Bretonne à la Fontaine*, de M. LEJEUNE ; un paysage de M. LAVIEILLE ; *L'Offrande à Minerve*, de M. LECADRE, grand tableau d'un bon style, dans lequel nous trouvons au premier plan une figure nue, très élégante et bien campée ; devant un portrait de la princesse de Fitz-James, qui nous semble n'avoir guère d'autre mérite que la ressemblance et qui ne fait pas grand honneur à M. LANDELLE, dont nous préférons les portraits d'enfants exposés dans la même salle. Nous voyons à la suite *Une Entrée de Château*, de M. LACROIX ; un joli intérieur de salle à manger et des fleurs printannières, de M. AD. LELEUX; trois paysages de M. LAMBINET ; un portrait de magistrat, de M. LAFONT ; *La Folie guidant les flèches de l'Amour*, par M. EMILE LÉVY, d'une composition et d'une exécution trop prétentieuses et trop maniérées ; *Une Almée*, qui n'a certes jamais connu les bords enchantés du Nil, et *Une Pénélope*, de M. LECOMTE-VERNET ; *Un Mariage protestant*, de M. ARMAND LELEUX ; *Une Boucherie au Transtevère*, de M. LEBEL ; *Une Chasse au Renard* et *Une Chasse au Sanglier*, de M. LABBÉ, qui n'intéresseront que les chasseurs ; *Une Aubade*, de M. LESREL, dans laquelle il y a certaines qualités; *La Moisson*, bon tableau de M. LHERMITTE, de l'Aisne ; *L'Assassinat de Lepelletier de Saint-Fargeau*, de M. LE BLANT ; *Une petite Vue de Bosphore*, de M. JULES LAURENT ; un bon portrait de M. de Tarade, et un autre de M. Veuillot, par M. J. LAFON qui a fait, on se demande pourquoi, une tête avinée au fougueux rédacteur de l'*Univers ;* et enfin *Saint Bruno refusant les offrandes de Roger, comte de Calabre*, œuvre vraiment magistrale de M. JEAN LAURENS, dont nous avons déjà signalé *Le Cardinal*, et dont nous citerons encore un étonnant petit portrait de jeune fille.

V.

Il nous faut traverser de nouveau les salles 12 et 11 pour gagner la salle n° 17, L à M, par laquelle nous continuerons notre promenade. Ce qui attire le plus la foule dans cette salle, c'est le portrait du Prince Impérial placé à côté d'*Une Vue du château de Chamarande*, de M. LAVIEILLE. Le Prince, en habit noir, avec le grand cordon de la Légion-d'Honneur, est debout, appuyé contre une table sur laquelle le peintre a posé des livres et un bouquet de violettes enveloppé dans un crêpe. M. J. LEFÈVRE, qui appartient au département de Seine-et-Marne, est un artiste de beaucoup de talent, aussi ne lui ferons-nous pas compliment de son portrait qui n'est pas heureux et ne doit même pas être ressemblant. Ce qui nous étonne, c'est que le parti bonapartiste, voulant que son candidat figurât officiellement à l'Exposition, n'ait pas tenu à ce qu'il y fût représenté d'une façon plus flatteuse. Nous trouvons ensuite un très bon tableau de M. HECTOR LEROUX, de Verdun. Cette œuvre consciencieuse, distinguée, d'une grande élégance et d'une sobriété de ton, nous montre la vestale Tuccia adressant à Vesta la prière suivante : « Puissante divinité, si j'ai toujours approché tes autels avec des mains pures, accorde-moi de remplir ce crible de l'eau de Tibre et de le porter dans ton temple. » Un peu plus loin est une belle marée basse de LANSYER, à laquelle nous préférons, au ciel près, *La Lande de Kerlouarneck*, exposée par le même peintre dans la salle suivante ; puis un remarquable paysage de M. CHARLES LEROUX, l'ancien député au Corps législatif, qui s'est remis à la peinture avec un nouveau succès, ainsi que le prouvent son *Embouchure de la Loire* et sa *Vue des environs de Paimbœuf*. Dans notre précédent feuilleton, nous émettions le regret que M. LUMINAIS ne fût pas représenté cette année au Salon d'une façon digne de lui. Nous n'avions pas encore vu alors sa *Gauloise au Réveil*, qui est une œuvre de premier ordre, dans laquelle nous retrouvons toutes les qualités de ce maître si puissant et si distingué. Nous ne vous dirons rien du portrait du jeune prince de Léon, par M. LEDUC ; nous nous bornerons à vous citer *Un Panier de Roses*, de Mlle LONGCHAMP, de la Haute-Marne ; *La Colombine*, de Mlle LEMAIRE, une élève de CHAPLIN ; *Un Marché à Blois*, très grouillant, de M. LABORNE ; une peinture mythologique, de M. LECOMTE DU NOUY, qui témoigne d'un effort sérieux, mais qui est d'une coloration bien malheureuse, et, enfin, un charmant tableau de M. LOUIS LELOIR, *L'Esclave*, devant lequel il faut s'arrêter avant de quitter cette salle.

Dans la salle n° 18, L à M, nous trouvons en entrant le nom d'un peintre des Ardennes, dont nous parlerons dans notre prochain article, à l'occasion de son second envoi ; puis un panneau décoratif, de M. MAZÉROLES, sujet d'une tapisserie exécutée aux Gobelins pour le nouvel Opéra ; *Une Vieille Femme en contemplation devant un Christ d'ivoire*, de M. MURATON ; *L'Hélène à la Fontaine*, de M. MAIGNAN, jeune peintre auquel nous croyons beaucoup d'avenir, et qui, outre cette gracieuse petite toile, a exposé, sous le nº 1248, une élégante figure nue, *Le Sylvain*, et sous le nº 1249, une scène du départ de la flotte normande pour la conquête de l'Angleterre, dans laquelle on distingue facilement des qualités de premier ordre.

Nous passons successivement en revue : *Un Paysage Hollandais*, de M. MAUVE ; *Un Beau Fouillis de Fleurs, d'Armes et d'Etoffes*, de M. LECLAIRE ; *Un Paysage*, de M. MARTIN ; un gentil petit sujet, *Les Grands Parents*, de M. CHARLES MOREAU, qui a trop l'air de peindre sur porcelaine, surtout dans son *Herbagère*, et les deux tableaux de M. MUNKACSY, le célèbre peintre hongrois. L'auteur du *Dernier Jour d'un Condamné* a exposé cette année *Le Mont-de-Piété* et *les Rôdeurs de Nuit*, deux compositions importantes dans lesquelles domine toujours une tonalité un peu grise, mais qui sont d'une excessive vigueur et d'un grand effet. Après ces sujets dramatiques, voici deux jolis enfants, de M. MUNIER, *La Leçon de Tricot*, puis un paysage très réussi du baron DE MORTEMART, et un charmant tableau de M. ADRIEN MOREAU, de l'Aisne, intitulé *La Promenade* : c'est fin, gracieux, spirituel, d'une harmonie de tons parfaite, et supérieur, selon nous, aux productions de cette jeune bande italienne dont les prix ont atteint aujourd'hui les dernières limites de la démence.

Dussions-nous passer pour un barbare qui n'entend rien à la mode de son temps, nous préférerions *La Promenade* de M. A. MOREAU au *Fait-il froid !* si vanté de M. NITTIS, que nous rencontrerons bientôt. On nous fera observer peut-être que les pieds de l'une des deux petites femmes de M. Moreau, sont d'un arrangement critiquable ; cela est vrai, mais M. Nittis a éludé la difficulté, dans ses deux sujets d'été et d'hiver, en supprimant les pieds de ses personnages. Dans la salle suivante, le même peintre a exposé *Une Sortie de Bal costumé*, très habilement traitée et très amusante. Voyons encore *Une belle Marine* de M. MESDAG, dont nous trouverons un peu plus loin *Une Mer du Nord* vraiment superbe ; *Un grand Portrait de Femme*, de M. MAILLARD ; *Une Paire de Chiens courants couplés*, de M. MÉLIN, qui a aussi envoyé *Un Hallali* ; *Le Chapelain faisant la Lecture au Baron*, de M. MEISSONIER fils, dont le nom est bien lourd à porter ; *Le Cheval de Troie*, de M. MOTTE, sujet curieux surtout au point de vue de la recherche archéologique, mais reposant sur une érudition qui nous paraît difficile à contrôler ; et enfin, pour en terminer avec cette salle, un tableau d'un peintre prussien, imité de M. Munkacsy, et dont nous n'avons rien à dire.

Dans la salle n° 19, L à O, à gauche en entrant, à côté d'*Une Vue d'Amsterdam*, par trop empâtée, de M. MARIS, et au-dessus, du *Marché aux Fleurs de la Madeleine*, de M. Ed. MORIN, qui peint exactement comme il dessine ses jolies planches du *Monde Illustré*, nous trouvons *La Danse antique*, belle peinture décorative, de M. MATOUT né à Charleville, dont nous avions déjà remarqué *Le Bacchus enfant*. M. Matout est bien connu comme peintre, c'est lui qui a été chargé de la décoration du grand amphithéâtre de l'Ecole de médecine, et de la décoration de la chapelle de l'hôpital Lariboisière. Il reçut la croix de la Légion-d'Honneur à la suite de l'Exposition de 1857. Déjà il avait été médaillé en 1853.

Nous passons ensuite devant *Les Bourgeois de Calais*, de M. Marquis, de l'Yonne, et devant *Les Fleurs*, de Mlle Muraton, pour arriver à *La Séléné*, de M. Machard. « Salut souveraine déesse à l'arc » divin qui, montant lentement dans le ciel étoilé, » répands autour de toi ta blanche clarté !... » Il était difficile de personnifier l'astre des nuits avec plus de poésie et de style, c'est bien la lune, sa douce lumière et ses pâles rayons d'argent. A deux pas de là est *Un Néron*, effrayé des progrès de l'insurrection, et cherchant en vain dans son palais, soit un ami pour le défendre, soit un ennemi pour le tuer, tableau plus théâtral que dramatique, de M. Mussini, au-dessus duquel s'étale une grande composition de Mme Nicolas, de l'Aisne, représentant *Des Saltimbanques avant la Parade*; puis *Une Réunion d'Amis*, un peu image, de M. Moulinet, et le n° 1,394, *Dans les Blés*, de M. Nittis ; cette petite pastorale, qui mesure environ vingt centimètres sur quinze, est pleine de soleil, et nous la trouverions très gentille si nous ne savions d'avance qu'elle est cotée 20 ou 30,000 fr. Eh bien ! non ! nous ne pouvons nous empêcher de crier à la démence, tant un pareil prix nous paraît en disproportion avec la valeur de l'œuvre. Toutes réserves faites, nous préférons encore ce n° 1,394 au n° 1,395, *Fait-il froid*, du même peintre, qui nous paraît mieux comprendre les effets de soleil que les effets de neige et de brouillard. Deux tableaux : *L'Entrée des Appartements de Pie IX au Vatican*, par M. Navlet, de Châlons-sur-Marne, et *Le Juif-Errant*, de M. Melingue, fils de l'acteur de la Porte-Saint-Martin, nous séparent seuls du

MANET. Que vous dire de cette œuvre insensée ? Avant d'avoir une opinion, nous voudrions savoir si M. Manet est un mystificateur, persistant à couper la queue de son chien, ou s'il donne simplement le maximum de ce qu'il peut, trop heureux de faire passer son impuissance sous le couvert de l'excentricité. Nous avons vu de lui plusieurs tableaux, où, à côté d'une grande brutalité et d'un réalisme peu attrayant, on distinguait encore des qualités sérieuses, mais son envoi de cette année, que je renonce à vous décrire, est sans excuse ; on n'y trouve ni composition, ni originalité, ni dessin, ni couleur, et, cependant, il y a là certains morceaux, comme le cou et les épaules de son enfant, vu de dos, qui semblent être d'un peintre.

Voyons en suivant *Le Moine tailleur*, de M. OLIVIÉ ; *Les Funérailles d'un Drapeau*, de M. MASSÉ : le colonel et les officiers du 1er grenadiers de la garde déchirent leur drapeau et en distribuent les morceaux aux soldats de leur régiment, touchant épisode du triste siége de Metz, et qui aurait mérité d'être mieux traité ; *Une jeune Italienne jouant du Violon*, de M. MAILLART ; *Une gracieuse jeune Femme*, d'un peintre américain, M. MAY, une Américaine, sans doute, couchée dans son lit et rêvant, avant de s'endormir, au livre qu'elle vient de fermer ; puis un tableau intéressant et bien composé, de M. LUCIEN MÉLINGUE, *Messieurs du Tiers, avant la Séance Royale du 23 juin 1789 ; Deux Marines* un peu violettes, de M. MASURE, de l'Aisne ; *Une Vue de l'avant-Port du Havre* et *Une Vue du Pont Louis-Philippe*, toutes deux un peu sèches, de M. MOLS ; un ridicule portrait de Mlle Schneider, des Variétés, en costume de grande-duchesse, et *Un Portrait de jeune Fille*, par

M. Pérignon, qui ne nous semble pas en progrès; *Deux Frères des Ecoles chrétiennes discutant dans une Antichambre*, de M. Moyse ; *Une Marguerite à l'Eglise*, de M. Monvel ; *Un Pâturage en Brie*, de M. Merlot, de l'Yonne ; et enfin un beau et bon tableau de M. Merle, *Pernette la Fileuse.*— Pourquoi la fileuse de cette année ressemble-t-elle autant à la *folle* de l'an dernier ? M. Merle a un talent des plus sympathiques; toutes ses œuvres portent un véritable cachet de distinction, qui ne les empêche pas pourtant de devenir populaires ; mais elles marquent trop pour qu'il puisse les répéter impunément.

Dans cette salle et dans les suivantes, nous remarquons encore *Trois Paysages*, de M. Pelletier, de la Haute-Marne.

A peine avons-nous pénétré dans la salle n° 20, M à P, que notre attention est attirée par *Le Combat sur une Voie ferrée* (armée de la Loire), de M. de Neuville, un des tableaux à sensation de l'année. M. de Neuville est, nous dit-on, un de ces peintres dont la vocation, entravée au début par des exigences de famille, ne s'est pas laissée rebuter et a triomphé de tous les obstacles. Longtemps cet artiste, qui est un *bûcheur*, a été absorbé par des dessins sur bois très remarqués, et c'est depuis peu seulement qu'il s'est mis à la peinture. Du premier coup il a conquis sa place dans les rangs les plus honorables de notre école. Sa *Dernière Cartouche*, dont l'action se passait à Balan, et que la photographie a rendue si populaire, avait produit, l'an dernier, une grande impression. Son combat de cette année ne lui cède en rien. Notre seule critique, si nous nous en permettions une, porterait sur l'éparpillement du sujet, et, par suite, de l'intérêt, qui au lieu de se concentrer en un point, se répand à droite et à gauche jusque dans les coins extrêmes du tableau. L'œil est tiré dans tous les sens, et il en résulte un certain manque d'unité qui nuit à l'ensemble. A part cela, c'est une œuvre consciencieuse et dramatique ; le mouvement de chaque personnage est très étudié, très juste ; on le dirait pris sur le fait. En somme, grand succès bien mérité.

La Récolte du Varech, le second envoi de M. DE NEUVILLE, malgré quelques fautes qui sautent aux yeux, est un joli tableau. Après *Le Combat*, nous trouvons *Une Vue de Venise*, imitée de Ziem, et *La Prière du Soir au Vieux Caire*, de M. MOUCHOT ; des *Scènes alsaciennes*, de M. PABST, dont le pinceau proteste contre l'esclavage de son malheureux pays ; il a peint des Alsaciens préparant des couronnes pour aller saluer les troupes françaises dans les départements de l'Est, il a peint aussi un sujet allégorique représentant *l'Alsace— Présent et Avenir*. *Les Bulles de Savon*, *Une Partie de Campagne*, et *La Marche triomphale du Nain du roi Stanislas Leczinski*, sont trois petites toiles de M. PASCUTTI, un de ces jeunes peintres italiens dont nous parlions tout à l'heure et dont les productions microscopiques atteignent des prix insensés que rien, selon nous, ne justifie. Il est vrai, et on ne saurait trop le dire, que la *clientèle* de ces messieurs est exclusivement américaine. Au-dessus, nous distinguons *Le Jeune Baigneur surpris par la Marée*, de M. PERRAULT, qui a exposé plus loin *Une Jeune Fille dormant en pleins Champs*, la tête appuyée sur une gerbe de blé, et *l'Amour rebelle* ; nous voyons ensuite, les numéros 1495 et 1496, deux petits sujets de M. PLASSAN ; *Une*

Visite au Révérend Père, un peu caricature de M. PAILLÈRE ; *Un Portrait d'Enfant*, de M. MAZEROLLES ; *Un Derviche mendiant à la porte d'une Mosquée*, excellent petit tableau de M. PASINI, et que nous préférons même à son *Marché à Constantinople* ; *Une Italienne*, grasse et molle, de M. Adolphe PIOT ; *Un Portrait du prince Troubetskoï*, de Mlle D'ORTES; *Après le Repas*, de M. PISAN, le célèbre graveur ; un agréable portrait de *Mlle Judic*, l'étoile des Bouffes, par M. PIOT-NORMAND; un très beau paysage de M. NAZON, qu'on pourrait prendre pour une vue de la Meuse au-delà de Charleville ; un tableau, gai et vivant, mais un peu trop chatoyant, *La Cuisine de l'hôtel Lion-d'Or*, de M. JULES NOEL ; *Un Portrait*, de Mlle MÉGRET ; *Le Viatique sur une plage de Normandie*, par M. POIRSON, qui est en sérieux progrès, mais ne semble malheureusement pas s'être aperçu de la chute de son second enfant de chœur ; *Des Moutons dans les Friches*, paysage fin de Mme PEYROL, petite-fille de Rosa Bonheur ; trois petits tableaux de chiens, de M. DE PENNE, qui s'est fait une spécialité de sujets de chasse, et dont les aquarelles sont surtout recherchées ; enfin une grande toile de M. PICOU, intitulée par le livret : *Sauve-qui-peut !* et dans laquelle on retrouve quelques qualités incontestables, de même que dans son *Exilée*, exposée un peu plus loin.

VI.

Nous entrons maintenant dans la salle nº 21, P à S, située de l'autre côté de l'ancien salon d'honneur, en passant devant un gentil petit tableau qui nous avait échappé la première fois : *La Leçon au Couvent*, de M. PICARD. Là encore nous trouvons un nom ardennais : M. Charles PELETTE, de Sedan, qui avait débuté comme peintre en décors, s'est mis, depuis quelques années, à faire des fusains qui furent très appréciés. Ses deux paysages, *La Givonne à Daigny* et *La Givonne à Olly* prouvent qu'il est appelé à réussir aussi bien comme peintre que comme dessinateur.

Nous remarquons ensuite *Un Portrait*, de M. PICHON ; un grand paysage de la campagne de Rome, par M. PARIS ; un second PROTAIS, *Metz* ; un charmant RICHTER, largement peint et très riche de ton ; deux beaux paysages de M. RICHET, élève et imitateur de DIAZ ; *Une grande Forêt*, de M. PALIZZI ; *Un Portrait de M. Bourrée*, l'ancien ambassadeur à Constantinople, par M. QUESNET ; *Deux autres Portraits*, de M. PHILIPPE, de Seine-et-Marne ; *Un énorme Buisson*, de M. PELOUZE, moins bien composé et plus confus que sa *Vallée de Cernay*, de l'an dernier ; *De belles Fleurs*, de M. QUOST, de l'Yonne ; *Une Tête brutale*, de

M. RAFFAELLI ; *Un petit Paysage*, de M. SERVIN ; *Deux Vues de Venise*, de M. ROSIER, de Seine-et-Marne, qui est un imitateur fort habile de ZIEM ; *Le Saint Vincent de Paul mourant*, de M. T. ROUX, destiné à l'hospice de Dourdan ; *Un Jugement de Pâris*, de M. PARROT, grave erreur d'un homme de talent ; une troisième marine, de M. ROBINET, qui nous poursuit avec sa couleur violacée ; un second paysage, de M. PAPELEU ; *L'Enfant prodigue*, paysage historique de M. PRIEUR, de Seine-et-Marne, et enfin une grande tartine, de M. SERGENT, intitulée : *Le Dernier effort à la porte de Ballan (sic), fin de la bataille de Sedan, 1er septembre 1870*. M. Sergent a pensé sans doute qu'une porte était une porte, et il a percé une ouverture dans un grand mur en platras ; de pont-levis aucune trace du reste. Devant ce trou béant, il a groupé des soldats de toutes les armes ; il y a joint quelques habitants armés parce que cela faisait bien, et il s'est dit que les *paysans de Sedan* pourraient bien être habillés comme les paysans de l'Auvergne ; aussi les a-t-il affublés d'un costume auvergnat. On ne saurait trop flétrir vraiment un pareil manque de conscience, un pareil dédain de la vérité. Si ces messieurs veulent suivre leur fantaisie, qu'ils inventent des tableaux de genre et qu'ils choisissent des sujets moins tristes ; mais s'ils prétendent faire toucher à la peinture d'histoire et reproduire surtout des évènements qui datent d'hier, et se sont malheureusement passés chez nous, il ne leur est pas permis de se moquer ainsi de l'exactitude des faits et des lieux.

Pour parler de choses plus gaies, citons encore les trois petits sujets de M. RUDAUX, de la Meuse :

Jamais Bredouille, *Dans mon Clos*, et *Une Journée de Fatigue*.

La salle suivante, n° 22, R à T, nous retiendra un peu plus longtemps. Nous remarquons en entrant une grande composition allégorique, de M. RANVIER, *Prométhée délivré*, dont le sens nous paraît assez énigmatique. Sans doute, il s'agit d'une allusion à la France mutilée ; c'est au moins ce que laisse supposer la présence dans ce tableau de l'Alsace et de la Lorraine qui, avec le Prométhée, en sont les principales figures. Quel est le sauveur que l'on voit apparaître dans le fond du cadre sous les traits d'Hercule ? Voilà ce que M. Ranvier aurait bien dû nous indiquer s'il en sait quelque chose. Puis nous trouvons deux grandes toiles de M. SCHENK, *Flocons de Neige*, un troupeau de moutons surpris par une tourmente, et *Fleurs de Bruyères*, un troupeau de moutons, le même sans doute, tranquillement installé au milieu des bruyères de l'Auvergne. M. Schenck sait très bien ses animaux et les peint de même ; mais pourquoi fait-il toujours le même tableau ? Entre ces deux grands paysages, figure le plus important des deux envois de M. Philippe ROUSSEAU qui, sous le titre de *La Fête-Dieu*, a exposé un méli-mélo de toute sorte de choses prêtées par les fidèles pour orner les reposoirs. C'est très remarquable d'exécution, comme tout ce que fait ce grand artiste, mais moins heureux d'arrangement. Nous nous bornerons à mentionner son second envoi : *Tout ce qu'il faut pour une Salade*, qui ne nous paraît digne ni de la signature qu'il porte, ni du lieu où il se montre, bien que d'une facture étonnante.

Viennent ensuite : un grand paysage un peu

lourd, de M. SÉGÉ ; un portrait de jeune fille et un portrait de général, de Mlle SCHNEIDER ; un autre portrait de jeune fille et un autre portrait de... l'amiral de Dompierre-d'Hornoy ; une odalisque et un intérieur juif à Alger, de M. de SAINT-PIERRE ; un petit paysage de M. SCHNEIDER, et puis un tableau de M. ROYER, dont le sujet rappelle un des épisodes les plus brillants de la dernière guerre, et qui méritait un interprète plus expérimenté. Il s'agit de la charge des zouaves pontificaux au plateau d'Auvours (bataille du Mans). Les soldats de M. de Charette venaient d'être traités de « calotins » par quelques mobilisés qui refusaient d'avancer, quand le général Gougeard leur dit : « Allons, messieurs, en avant ! Montrez à ces hommes comment on meurt pour Dieu et la patrie... Le salut de l'armée l'exige ! » A ces mots, les zouaves s'élancèrent comme des lions, faisant l'admiration des vrais soldats qui se découvraient sur leur passage. On sait combien il en revint !— Pourquoi M. de Neuville ne reprendrait-il pas cette page de notre histoire d'hier, page si glorieuse qu'elle suffirait à elle seule pour nous consoler de bien des revers ?

Tout près de là, notre attention est attirée par trois gros cadres qui ont l'air d'entourer de vieilles plaques de cheminées bien noircies par la fumée et la suie ; en approchant, nous distinguons vers le centre quelques taches roses et blanches qui s'efforcent de percer la croûte noire. Ce sont les trois tableaux d'un peintre de beaucoup de talent, M. RIBOT, qui doit avoir transporté son atelier au fond d'un four.—Où veut en venir M. Ribot ? On prétend qu'il imite Ribeira ; mais, à moins d'avoir été enfumés comme des jambons au-dessus d'un poêle de sacristie, les tableaux du maître espagnol, qui depuis deux siècles ont pu pousser au noir, ne sont pas encore de cette couleur-là—si on peut appeler cela une couleur. Si au moins M. Ribot peignait des Savoyards ! mais il a la prétention de peindre des femmes et des jeunes filles ; l'un de ses tableaux de cette année est même un portrait : portrait de Mme ***. Pauvre dame ! elle n'est assurément pas coquette, car il est impossible de voir plus en laid que M. Ribot. Autrefois, il semblait avoir un goût tout particulier pour les marmitons dont le béret, la veste et le tablier blancs éclairaient ses toiles ; aujourd'hui qu'il y a renoncé, c'est l'obscurité complète. Il serait bien triste pourtant de voir un peintre de cette valeur se noyer dans le noir et le bitume. Il est vrai que le temps est aux suicides.

M. TONY-ROBERT-FLEURY a exposé *Une Charlotte Corday* se promenant dans son jardin de Caen, un livre à la main. « Son esprit la portait, dit Lamartine, à la lecture des œuvres de philosophie et des livres d'histoire. » A force de chercher l'expression dans sa figure, M. Robert-Fleury en est arrivé à l'exagération, et les yeux de son héroïne ne sont assurément pas ceux d'une femme, si inspirée qu'elle soit.

Le dernier tableau de cette salle est, à notre avis, l'un des meilleurs de l'année. C'est *Don Juan et Haydée*, de M. ROLL. Si nous sommes bien renseignés, M. Roll est un tout jeune homme, presque un débutant, ce qui n'empêche pas son œuvre d'être, à quelques imperfections près, l'œuvre d'un maître. Il n'en faut pas beaucoup comme celle-là pour rassuer sur l'avenir de l'école française. Le dos d'Haydée est certainement un des plus beaux morceaux de *nus* du salon ; l'ensemble est d'un grand style et d'une belle harmonie de tons.

Nous voici dans la salle n° 23, S à V ; nous y apercevons d'abord *Un Cavalier sortant de l'Eau* et *Une Batelière du Rhin*, de M. SCHUTZENBERGER ; *Une Rebecca à la Fontaine*, de M. EUGÈNE THIRION, dont nous avions remarqué, dans la salle précédente, *Une Fillette avec une botte de Fleurs dans les Bras*, et dont nous trouverons plus loin un petit portrait en pied, n° 1708; *Corinne entrant à Saint-Pierre*, de M. VIGIER ; *La Réponse*, une *Cocodette* (peut-être la calomnions-nous) en train d'écrire une lettre, et *Le Livre sérieux*, deux jeunes filles surprises par le sommeil au milieu d'une lecture. Etant donné ce genre, il est certainement difficile de le pousser plus loin que ne l'a fait M. TOULEMOUCHE. Les tableaux de M. SAINTIN, de l'Aisne, qui figurent un peu plus haut dans la même salle, ont trop d'analogie avec ces derniers, pour que nous ne les citions pas immédiatement. Ce sont trois gracieuses petites femmes, la première est une *Blanchisseuse de fin*, fort mignonne ; la seconde, *Une Rêveuse solitaire*, et la troisième, *Une Amateur de Jardinage épluchant un Rosier*.

Revenons un peu sur nos pas pour voir rapidement trois toiles de M. SALLES, n°s 1633, 1634, 1635 ; *Une Fille d'Eve*, remarquable petite figure nue de M. SAIN ; deux paysages froids et crus de M. SAUZAY et de M. SAUVAGEOT; *Un Atelier de Couturières*, de M. TRAYER ; *Une Fileuse*, de M. V. THIRION, de la Haute-Marne, qui a exposé aussi une grande figure nue « *La Rosée ;* » *Une Danse de Gitanas à Grenade*, de M. ULMANN, et *Une Avant-Garde de Dragons*, de M. WALKER ; de l'autre côté des *Saintins,* dont nous venons de parler, nous trouvons *Une Bourriche de Pensées,* de M. DE SERRES ; *Une Fuite en Egypte,* de M. VETTER ; *Une Partie de Dominos,* de M. SALZEDO ; un portrait de *Berthelier, dans la Chanson du Petit Ebéniste,* par M. WORMS, dont le tableau le plus important, *Les Maquignons espagnols de la Province de Grenade,* figure dans la salle suivante ; puis *Une Grande Vue des Environs d'Anvers,* de M. VAN HIER ; *Un Portrait d'Espagnole,* de Mlle DE SAINT-AUBIN, de l'Aisne ; et un joli petit VERNIER, *Les Bateaux de Cancale.* Nous retrouverons M. VERNIER dans la salle suivante avec le nº 1770, auquel nous ne reprocherions pas grand'chose si nous n'apprenions, par le livret, qu'il représente *Un des Bassins du Port de Marseille.* Or, ce tableau, peint dans la même gamme que les précédents, ne rappelle en rien la lumière du Midi, et il semble que l'auteur ait oublié qu'il se transportait des côtes de la Bretagne à celles de la Provence.

Dans la salle nº 24, T à Z, par laquelle nous terminerons cet article, nous trouvons un petit portrait de Coquelin dans les *Précieuses Ridicules,* par M. VIBERT. C'est très séduisant au premier aspect et d'une adresse incontestable, mais, en y regardant un peu, on s'aperçoit que M. Coquelin a une main en zinc, des jambes en bois et rien pour s'asseoir. Le nº 1785 du même peintre, *La Remontrance,* vise un peu trop à l'esprit et va jusqu'à la grimace; le sujet nous en semble d'un goût douteux et vieillot ; Son petit *Moine cueillant des Radis* est bien ensoleillé.

M. VAN MARCKE nous ramène à un art plus sérieux; ses deux tableaux, *La Forêt* et *La Plaine,* sont superbes d'exécution et de vérité. M. Van Marcke est l'élève, le collaborateur, nous pourrions dire le continuateur de Troyon, au niveau duquel il est presque parvenu, et nous ne serions pas étonnés si les œuvres de l'élève atteignaient un jour le même prix que ceux du maître. Rappelons en passant que Troyon, une des gloires les plus incontestées de l'école française, était, par sa famille au moins, originaire des Ardennes. Les deux Van Marcke sont séparés l'un de l'autre par une admirable nature morte de M. VOLLON, *Coin de Halle,* un des tableaux les plus vigoureusement et les plus grassement peints du salon. Mais pourquoi M. Vollon, qui peint si bien, fait-il tant de chaudrons ? Nous quittons le sien à regret pour voir encore à la suite un petit sujet de M. WEISY, intitulé *La Corbeille de Mariage ; Une Bretonne battant son Beurre,* par M. VIDAL ; un remarquable paysage de M. de VUILLEFROY, *L'Herbage,* dont les animaux sont d'une très belle allure ; un autre petit paysage, moins poussé, mais très juste d'effet, du même peintre ; *Un Bois de Hêtres,* de WHALBERG ; *Le Printemps,* de M. VOLTA ; *Le Cache-cache,* de M. VERHAS, qui, dans la salle suivante, a un autre baby sous le n° 1767 ; un beau paysage de M. VEYRASSAT, dont l'envoi le plus important, *Les dernières Gerbes*, se trouve aussi dans le salon à côté ; enfin, une grande figure nue et couchée, de M. VUILLEMOT, dans laquelle se retrouvent plusieurs des excellentes qualités de ce peintre fin et élégant, mais qui nous est gâtée par une hanche d'un mouvement déplorable.

Nous voici de nouveau revenus à notre point de départ, c'est-à-dire à la salle N° 1, par laquelle commence et finit l'exposition.

Nous vous avons déjà signalé quelques-uns des

tableaux contenus dans ce salon ; il nous suffira de citer, un peu au hasard : deux paysages par trop épinards, de M. WATELIN ; Un autre paysage, de M. ZUBER ; *Les Jeunes Filles des Abruzzes*, de M. VIGOT ; une énorme composition, de M. VIGNON, *Les Funérailles de Pompée* ; *Lucie de Lamermoor*, de M. VÉLY ; et les deux envois du marquis de VARENNES, de Seine-et-Marne : *Vaine Pâture* et *Le Bain*.

Il ne nous reste plus à voir que la sculpture, les dessins, la gravure et l'architecture. Si nous voulions les passer en revue avec le même soin que les tableaux, cela nous conduirait beaucoup trop loin. Nous nous bornerons donc à vous signaler les œuvres exposées dans ces diverses catégories par les artistes appartenant à votre région.

VII.

Avons-nous signalé tous les tableaux qui en valaient la peine? N'avons-nous signalé que ceux-là? Nous n'oserions l'affirmer ; en traversant une dernière fois l'ancien salon d'honneur, nous y retrouverons encore un tout petit paysage très fin, de M. ORTMANS ; le second tableau de M. CERMAK, *Jeune Fille de l'Herzégovine menant des Chevaux à l'Abreuvoir*, et dont nous vous avions recommandé le pendant d'une façon toute spéciale ; puis enfin *La France sauvée par le Temps*, de M. MURATON, belle composition allégorique, mais accrochée si haut qu'elle nous avait échappé une première fois. Déjà nous vous avions cité, dans la salle n° 18, *La Contemplation*, du même peintre. Nous glanons ensuite, à droite et à gauche, *Un Saint Roch dans la Solitude*, de M. YAN D'ARGENT ; *La Fille du Jardinier*, de M. DELFOSSE ; *Une Cléopâtre*, de M. RIXENS ; trois tableaux de M. DEVILLE : *Une Léda*, imitée de Diaz ; *Les Blessés de Gravelotte* et *Les Adieux des officiers à leurs Soldats, après la Capitulation de Metz* ; trois autres de M. Jules DIDIER : *Une Chasse à courre au Lièvre*, *Une Lisière de Forêt* et *Un Sacrifice au dieu Pan*. Puis, parmi les œuvres couronnées par le jury : *Le Premier Deuil* et *Un Portrait du Dr Piéchaud*, de M. PONSAN, qui a obtenu une deuxième médaille. *La Gloire posthume*, de M. BAADER, et *Un Intérieur de Forêt*, de M. CASTAN, tous deux médaillés de troisième classe ; trois tableaux de M. DELOBBE, *Musique champêtre*, *Retour des Champs* et *Souvenirs de Concarneau* ; et trois paysages de M. GROISEILLEZ, médaillés aussi de troisième classe ; *Hercule aux Pieds d'Omphale*, et *Le Moine sculptant un Christ en Bois* ; *Une Ferme à Honfleur* et *La Route de Paris à Fontainebleau*, de M. DANTAN fils et de M. DAUBIGNY fils, deux noms justement estimés dans les arts et qui ne pouvaient pas manquer d'attirer l'attention des jurés—partant, deux troisièmes médailles ; enfin, le n° 683, de M. EHRMANN, grand fragment de frise dans lequel le peintre a personnifié l'histoire de l'art, ingénieusement résumée par quatre groupes réprésentant la Grèce, Rome, les Barbares et le Moyen-Age. Cette belle composition, d'un grand style et que nous avions omise involontairement en recopiant nos notes, a été jugée digne d'une troisième médaille; ce n'était que justice.

Tous les autres médaillés ont été signalés par nous, d'avance, à votre attention. Ce sont MM. Blanchard, Lehoux et Priou, pour la première classe.

MM. Billet, Castres, Gervex, Firmin-Girard, Gosselin, Guillemet, Hennebicq, Lecadre, Leroux (de la Meuse), Monchablon et Munkacsy, pour la deuxième classe.

MM. Bastien-Lepage (de la Meuse), Besnard, Brillouin, Defaux, Duez, Dupray (des Ardennes), Ehrmann, Feyen-Perrin, Goubie, Goupil (Jules), Kaemmerer, Lhermitte (de l'Aisne), Maignan, Mols, Pabst, Pâris et Vély, pour la troisième classe.

La troisième médaille décernée à M. Pierre Gavarni pour ses deux aquarelles, nous semble cacher un mystère que nous ne chercherons pas à pénétrer.... A moins que le jury n'ait voulu rendre un hommage posthume à un grand nom dans la personne de l'un de ses héritiers.

Quant à la *Médaille d'honneur*, elle a été attribuée à M. Gérôme. Il ne nous appartient pas de critiquer le verdict du jury, qui est tout puissant. Nous nous demanderons cependant si son choix répond au but qu'on s'est proposé en instituant cette haute récompense : « Deux médailles d'honneur de la valeur de 4,000 fr. chacune pourront être décernées aux auteurs des deux œuvres *les plus éminentes du salon.*—(Peinture et Sculpture.) »

Les trois jolis tableaux de M. Gérôme constituent-ils une œuvre *éminente*, peuvent-ils même être considérés comme l'œuvre la plus éminente du Salon? D'un autre côté, la médaille d'honneur doit-elle être la consécration d'un succès de vente ou un encouragement aux artistes qui, prenant pour types les maîtres immortels, marchent résolûment dans la voie du grand art ? Toute la question est là.

Sans aucun doute, M. Gérôme a un immense talent ; mais enfin il a épuisé, depuis 1847, toute la série des récompenses, y compris la croix d'officier et la médaille d'honneur qui lui fut déjà décernée à la suite de l'exposition de 1867.

C'était bien, mais c'était assez, et, heureusement pour la réputation de l'école française, il ne manque pas, à côté de M. Gérôme, de vaillants artistes dont les tendances artistiques et les courageux efforts méritaient d'attirer l'attention du jury. Il nous serait facile d'en citer plusieurs ; mais pour peu qu'on continue à les décourager, il se feront chaque jour plus rares, tandis que le nombre des autres ira en augmentant. Déjà au-dessous de Meissonnier, qui reste le maître, il y a aujourd'hui une quantité de jeunes peintres comme MM. Detaille, Vibert, Worms, etc., qui sont arrivés au même degré de force que M. Gérôme ; demain il en percera de nouveaux qui, comme M. Firmin-Girard, pourraient bien le dépasser.

Quant à ceux qui cherchaient leur succès dans des régions plus élevées, et avaient bien le droit d'espérer qu'à défaut d'autres résultats, les satisfactions honorifiques viendraient au moins les dédommager de leurs peines, se voyant incompris du public bourgeois et abandonnés de la coterie des artistes parvenus, ils finiront par renoncer à leur idéal pour aller demander, eux aussi, et la fortune et les honneurs à la petite peinture qui semble seule pouvoir les donner.

Du prix du Salon décerné d'office à M. Lehoux, nous n'avons rien à dire. Le singulier conflit soulevé par l'innovation de M. le Directeur des Beaux-Arts, a été unanimement jugé en faveur de ce dernier.

L'honorable marquis de Chennevières, dont l'idée méritait au moins qu'on lui fît crédit d'une expérience, avait eu contre lui tout ce qui sort de l'Institut, ou aspire à y entrer. Le Ministre a sagement agi en ne voulant pas priver les jeunes artistes de l'avantage qui leur avait été offert, et son choix lui a donné doublement raison.

Nous avons déjà pris une place trop considérable dans ce journal pour pouvoir y parler encore en détail de l'exposition des dessins, de la sculpture, de l'architecture et de la gravure. Cela nous conduirait beaucoup trop loin, et nous nous bornerons à signaler, dans ces diverses sections, les œuvres des artistes qui appartiennent aux huit départements, en vue desquels a été fait ce compte-rendu.

Nous trouvons, pour le département de la Marne, dans la sculpture : Un joli groupe en plâtre, de M. GERMAIN, de Fismes, *Didon et Enée;* un buste en terre cuite, de M. MULOTIN de MÉRAT, de Reims ; un buste en plâtre, de Mlle de MÉRAT, élève de son père, et une terre-cuite de M. de SAINT-MARCEAU, de Reims, représentant une petite tête d'enfant, une sorte de gavroche, dont l'expression est pleine d'esprit et de vérité.

Pour le même département, nous trouvons dans l'architecture un monument commémoratif de la bataille du Mans, destiné au plateau d'Auvours ; cette œuvre, choisie à la suite d'un concours public, est de M. MARÉCHAL, de Reims ; puis huit feuilles de plans relatifs à la reconstruction de l'Hôtel-de-Ville de Paris, par M. ROUYER, de Neuville-sur-Pont ; enfin *Une Vue de Paris,* prise du haut des tours de Notre-Dame, et deux dessins de ces mêmes tours, par M. Tissandier.

Parmi les gravures, nous remarquons une eau-forte de M. Montarlot, de Châlons, représentant *Une Vue de Châteaudun*, le 18 décembre 1870 ; *Un Guerrier au XVII*e *Siècle ; Un Portrait de la princesse Triggiano-Brancaccio ; Une Galerie de l'Hôtel Lauzun*, de M. Varin, d'Epernay, et *Des Petits Maraudeurs napolitains*, du frère de ce dernier, d'après Michetti.

Le département de l'Aisne, qui est représenté dans les dessins, l'architecture et la gravure par un superbe fusain de M. Lhermitte, *Le Benedicite ;* par un portrait au fusain de M. Cesson ; par *Un Projet de Restauration de l'Hôtel-de-Ville de Saint-Quentin*, de M. Grandin, et par deux gravures sur bois de M. Tauxier, figure brillamment dans la sculpture avec M. Carrier-Belleuse dont le *Portrait de Mlle Croizette, des Français*, traité à la façon des beaux bustes du siècle dernier, est un des meilleurs du Salon, et avec M. Doublemard qui a exposé une grande statue en plâtre destinée à un tombeau monumental élevé par la ville de Saint-Quentin. Cette belle figure représente la France en deuil déposant une couronne sur le corps des soldats morts pour sa défense, dans la journée du 19 janvier 1871. M. Doublemard a envoyé en outre *Un Buste du Frère Philippe*, et *Un Buste de M. Ambroise Thomas*. M. Hiolin a exposé deux médaillons en terre cuite.

Les Ardennes n'ont, dans les dessins, que des aquarelles de M. Herst et de M. Matout, dont nous avons déjà parlé à l'occasion de leurs tableaux, et, dans l'architecture que les plans du monument élevé, à Rouen, à la mémoire du vénérable J.-B. de La Salle, par M. Deperthes. Si la vue perspective de cette œuvre monumentale ne suffisait pas à en donner une idée suffisante, on en pourrait voir une réduction en plâtre exposée dans la sculpture. Là aussi nous remarquons deux bustes de M. Deloy, de Sedan, qui ont de grandes qualités comme tout ce que fait ce jeune artiste, si étonnamment doué ; mais pourquoi M. Deloy a-t-il eu la fâcheuse idée de mettre un lorgnon véritable, un lorgnon en écaille et en verre, dans l'œil d'un de ses portraits ? Est-ce pour attirer l'attention du public ? Que M. Deloy, qui ne nous accusera certainement pas de mauvaises dispositions à son égard, nous permette de le lui dire, le procédé ne serait pas digne d'un artiste de sa valeur. Nous croyons plutôt qu'il a tout simplement cherché à faire de l'originalité. Mais qu'il y prenne garde, ce genre de *cascade* pourrait lui faire le plus grand tort. Une fois engagé dans cette voie, il n'y aurait pas de raison pour qu'il n'envoyât pas l'année prochaine un buste avec une perruque en cheveux, des yeux en émail, comme celui de M. Gambetta, un râtelier d'ivoire, un faux col et une cravate. De là aux poupées en cire des chemisiers et des coiffeurs, il n'y aurait pas loin, et M. Deloy finirait par ne plus être pris au sérieux.

M. Croisy, de Charleville, qui avait obtenu, l'année dernière, une troisième médaille pour son groupe en plâtre, *L'Invasion*, n'a pu, sans doute, arriver à temps, cette année, avec le bronze de cette œuvre remarquable, qui figure dans les Champs-Elysées, en attendant son érection sur l'une des places de Charleville.

Le département de l'Aube a fourni de jolis portraits en miniature de Mme Lapoter ; un fusain de Mlle Léautez, *Vue de Troyes* ; une gravure de M. Fichot, *Mosquée de Daoud-Pacha à Constanti-*

neple. Mais son exposition est surtout remarquable dans la sculpture, où nous trouvons deux des noms les plus estimés de l'école contemporaine, M. FRANCESCHI et M. DUBOIS, tous deux hors concours.

M. Franceschi est un de ces rares artistes consciencieux et épris de leur art, qui ne cherchent l'effet que dans la noblesse de la forme et la simplicité du style. Dédaigneux des ficelles et des procédés malsains trop exploités de nos jours, il s'inspire exclusivement des chefs-d'œuvres de l'antiquité qui représentent le beau absolu. Son buste de *Jeune Fille* est d'un charme exquis et d'une grande pureté. Quant à son bas-relief représentant *La Mort du Commandant Baroche*, le 30 octobre 1870, et destiné à la chapelle du Bourget, il a toutes les qualités d'un excellent tableau.

M. Franceschi, dont nous admirerons encore un plâtre plein de vie et d'esprit, de M. Regnier, de la Comédie-Française, vient de recevoir la croix de la Légion-d'Honneur. Peu de nominations auront été mieux accueillies dans le monde des Arts.

L'heureux auteur du *Chanteur Florentin*, dont le succès fut si populaire, M. Paul DUBOIS, a exposé cette année *Un Narcisse* en marbre, qui est une œuvre remarquable. A côté de ces envois de premier ordre, nous trouvons encore *La Douleur* et l'*Amour*, de M. JANSON, deux statues destinées au nouvel Opéra ; *Un Enfant à la Fontaine* et un buste en terre cuite, de M. BOUCHER ; *Deux Sphynx*, en marbre, de M. PIAT, et un buste en plâtre de M. BACQUET.

Le département de la Haute-Marne est représenté dans les dessins par deux peintures sur porcelaine de Mlle d'AUBERIVE, et par une aquarelle, *Papillons et Fleurs*, de Mme MERMET. Dans la sculpture, il n'a qu'un médaillon en plâtre de M. ROUGERON ; et dans l'architecture, une grande cheminée pour une salle monumentale des Pas-Perdus, de M. THIERRY-LADRANGE H.-C., ainsi que trois planches de M. SELMERSHEIM, destinées aux archives de la commission des monuments historiques et représentant : 1° *Le Réfectoire du Collège des Bernardins, à Paris* ; 2° *L'Eglise Saint-Julien-le-Pauvre, à Paris* ; 3° *L'Eglise de Saint-Leu d'Esserent*.

La Seine-et-Marne est évidemment, après la Seine, le département qui compte le plus grand nombre d'artistes. Ce sont, parmi les dessinateurs : MM. BERNARD (*Mendiant*, sur porcelaine, d'après MURILLO); CHARLIER (portrait au pastel); de CRISENOY (*Une Escadre sous Louis XIV*); Mlle DEHAUSSY, (*La Convoitise*, d'après COTTIN, sur porcelaine); Mlle DUBOIS, (*Fleur de Mai*, pastel); MM. ROUSSEAUX (fusain), et MAUGER (portrait sur porcelaine).

Parmi les sculpteurs, nous trouvons M. ADAM-SALOMON H. C., qui a envoyé un médaillon en terre cuite et deux bustes en marbre dont celui de PONSARD, destiné au musée de Versailles; M. Chapu H. C., qui a exposé trois bustes en marbre, dont l'un est le portrait de Vitet ; enfin, MM. GAUTHIER avec un buste en plâtre ; BOUILLON avec un buste en bronze, et SACHOT avec un médaillon en terre cuite.

Parmi les architectes figurent M. LECLERC, qui a exposé *Un Projet de Palais-de-Justice pour le Havre*, en six planches, et M. LHEUREUX, qui a exposé *Un projet de reconstruction du lycée Louis-le-Grand*, en douze planches.

Parmi les graveurs, MM. Daumont, avec *Une Vue de Saint-Germain*, à l'eau-forte, et M. Massard, avec un portrait à l'eau-forte et une gravure du *Saint-Vincent-de-Paul* de Bonnat.

Le département de la Meuse est représenté dans les dessins par une aquarelle de M. Lorin, *Projet de Verrière pour la Cathédrale de New-Yorck*, et par un paysage, sur faïence, de M. Pestel. Il l'est dans la sculpture par une énorme statue allégorique de M. François, qui montre *La France de 1873 relevant son Drapeau et le tenant sous la Garde de son Epée.*

Enfin, pour le département de l'Yonne, nous remarquons dans la section de dessin, où, par un singulier hasard, tous les les exposants sont des *exposantes*, une miniature de Mlle Bassard ; un portrait au pastel de Mlle Cœurderoy ; un portrait sur porcelaine de Mlle Leclaire ; *La Vendange*, d'après *Lehmann*, porcelaine de Mlle Tisserand, qui a exposé aussi *La Mort de Lucrèce*, d'après Raphael. Dans la section de gravure, nous trouvons deux autres bois gravés de M. Froment, et douze eaux-fortes de M. Boussard.

Enfin, le même département est représenté dans la sculpture par un bon buste en terre cuite, de M. Damé, et par une statuette en marbre, *Jeune Bourguignonne*, de M. Falconnier.

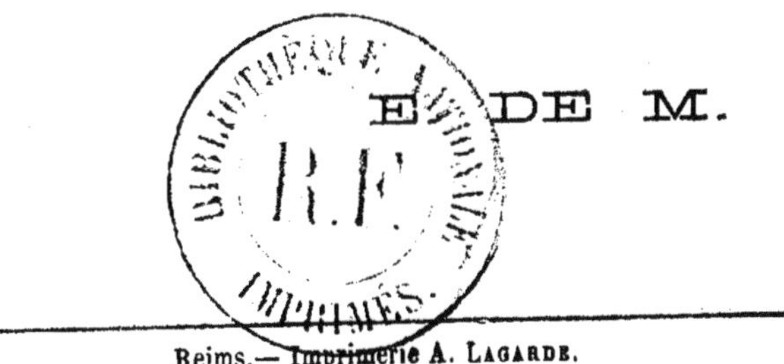
E DE M.

Reims.— Imprimerie A. Lagarde.

www.ingramcontent.com/pod-product-compliance
Ingram Content Group UK Ltd.
Pitfield, Milton Keynes, MK11 3LW, UK
UKHW020948180726
13838UKWH00003B/1193

9 782329 482323